户外运动的拓展训练

与营销管理

王　勇 ◎著

中国经济出版社
CHINA ECONOMIC PUBLISHING HOUSE

图书在版编目(CIP)数据

户外运动的拓展训练与营销管理/王勇著.--.北京：
中国经济出版社，2021.6
ISBN 978-7-5136-5015-1

Ⅰ.①户… Ⅱ.①王… Ⅲ.①体育锻炼—组织管理
Ⅳ.①G806

中国版本图书馆 CIP 数据核字(2021)第 125841 号

责任编辑　孙晓霞
责任印制　马小宾
封面设计　押晓峰

出版发行　中国经济出版社
印 刷 者　北京建宏印刷有限公司
经 销 者　各地新华书店
开　　本　710mm×1000mm　1/16
印　　张　12.75
字　　数　210 千字
版　　次　2021 年 6 月第 1 版
印　　次　2021 年 6 月第 1 次
定　　价　68.00 元
广告经营许可证　京西工商广字第 8179 号

中国经济出版社 **网址** www.economyph.com **社址** 北京市东城区安定门外大街 58 号 **邮编** 100011
本版图书如存在印装质量问题，请与本社销售中心联系调换(联系电话：010-57512564)

前　言

户外运动是近年来热门的体育项目，受到了各个年龄层运动爱好者的追捧。户外运动是一种基于户外开展的运动项目，人们通过参与户外运动能够亲近大自然、放松身心。与此同时，一些户外运动，例如攀岩、潜水、滑雪、徒步穿越等，还以惊险刺激、新奇冒险为特点，让参与者获得了不同以往的新奇体验。

促进户外运动健康有序的开展是全社会都非常关注的事情，我国也正在采取各种措施来规范户外运动的开展，并促进户外运动产业的发展。户外运动要想得到更好的发展，就需要一定的营销支持，这样才能打响户外运动知名度，让更多的人关注户外运动。

基于上述两点，本书以户外运动的基本理论和营销管理为重点研究内容，以期为我国户外运动的发展提供一些思路。本书首先对户外运动的基本概况进行介绍，接着又对户外运动的实用技能、户外运动的热门项目、户外运动的拓展训练进行了具体介绍，最后详细阐述了户外运动营销与管理的相关理论和策略。

本书共7章，分上篇与下篇两部分。前三章为上篇，论述了户外运动的基本理论。其中，第一章为户外运动概述，主要介绍户外运动的基本概念，首先介绍了户外运动的起源与发展，其次介绍了户外运动的功能与分类、价值与特点，最后介绍了户外运动的相关组织；第二章为户外运动的实用技能理论，首先介绍了户外运动的基本准备，其次介绍了户外运动的生存技能，最后介绍了户外运动的应急处置；第三章为户外运动的拓展训练理论，首先介绍了拓展训练的起源与发展、模式与过程，其次介绍了户外运动拓展训练的项目，最后介绍了户外运动拓展训练的安全保障。后四章为下篇，论述了户外运动的营销管理。其中，第四章为户外运动的营销管理概述，分别对户外运动的营销和管理进行整体概述；第五章为户外运动的营销分析，首先对户外运动消费者的行为进行分析，其次对户外运动的市场细分与定位进行阐述，最后对户外运动的营销调研进行具体介绍；第六章为户外运动的营销策略，分别介绍了户外运动的促销策略和市场竞争策略、户外运动产品分销策略和价格策略；第七章为户外运动的管理实践，首先介绍了户外运动的赛事管理，其次介绍了户外运动的俱乐部管理，最后介绍了户外运动的教学组织管理。

本书在编撰过程中，参考并采用了多位专家、学者关于户外运动基础理论与营销的研究成果，在此表示感谢。但由于本人时间和能力水平有限，书中难免存在疏漏与不妥之处，恳请各位专家学者及读者批评、指正。望本书能为关注户外运动的学者提供一定的理论与实践指导。

王　勇

2020 年 8 月

目 录

上篇　户外运动基本理论

第一章　户外运动概述

户外运动是一种集休闲体育、旅游探险等内涵于一体的运动方式，它是一种健康生活的代表，能够展现参与者积极向上的人生态度。本章首先对户外运动的起源与发展进行介绍；其次对户外运动的功能与分类进行阐述；再次分析户外运动的价值与特点；最后介绍户外运动的相关组织，以期为户外运动爱好者认识与了解户外运动奠定良好的基础。

第一节　户外运动的起源与发展

一、户外运动的起源

从字面上来看，户外运动即在户外进行的体育运动，其所涵盖的各类内容、技术以及技能都与人类的发展历史有关。

在原始时期，人类为了能够在艰苦的自然环境中获得生存机会，需要翻山越岭找寻能够裹腹的食物，这是人类练就攀岩等技能的现实原因。而在人类社会的发展过程中，不同种族之间的战争与迁徙活动，使人类开始具备能够翻山越岭的“徒步”经验。为了能够探究更广阔的海洋，寻找新的生存地点，人类逐渐掌握了洲渡、潜水的本领。

毫不夸张地讲，纵观人类生存发展历史，其中都蕴含着户外运动的原始要素。因此，可以认为，户外运动是在早期人类战争、劳动生产、科学探险的过程中形成的一种独具特色的体育运动。

当户外运动开始成为一项体育运动时，就已经脱掉了物质财富生产的外壳，开始在促进人类生理与心理发展方面发挥作用。而在漫长的历史演进中，户外运动也逐渐形成了相应的管理组织办法、组织规则、赛事规则、技术规范等。

二、户外运动的发展

（一）国外户外运动的发展

国外户外运动的发展主要分为两个方向，一个是以拓展训练形式开展的户外运动；另一个是以体育竞赛形式开展的户外运动，具体分析如下。

1. 以拓展训练形式开展的户外运动

从前文可知，户外运动的起源时间较早。但是在早期人类社会，户外运动并不具有丰富的内涵，直到近代，户外运动才开始形成较为系统的远足、登山、探险等体育项目。

户外运动真正被当作一项体育训练项目来开展是在“二战”时期。当时，英国军队为了能够更好地隐藏自身，方便深入敌方进行突袭性攻击，组建了一支特种突击队。为了提高特种突击队的作战能力，英国军队设置了一项名为“越障训练”的科目，主要内容是突击队队员利用各类自然障碍与绳网技术进行日常训练，目标是提升野外作战能力和团队合作能力。

后来，有部分研究者在对海上遇难人员进行大量研究后发现，遇难人员的生存机会与自身的生存欲望和信心具有直接关系，同时遇难者的各项素质，如身体素质、心理素质、各类野外生存技术等都与其能否获救具有密切关系。由此，研究者发明了一门能够提升野外探险人员生存能力的课程——拓展训练。

早期的拓展训练主要是在航海过程中进行。受训者会被丢弃在充满未知的大海中，而与其相伴的仅有一艘可以漂浮的船舶。在多日的航行中，受训者需要依靠自身的技能获得生存机会，在这个过程中，受训者的生存能力得到有效提升。此后，为了增加拓展训练的刺激性，研究者又根据陆地上的高山、峡谷、丛林、沙漠等，设置了更为惊险、充满困难与危险的新的拓展课程。

在近几十年的发展中，拓展训练开始转向人工场地。拓展训练设计者可以将本来不能出现在同一场景中的项目，组合在人工场地中，为拓展训练探险者提供更刺激的探险项目。通过这种模拟探险拓展训练，参与者的个人能力得到提升，同时与团队协作的能力也得到提升。这种专业程度较高的场地拓展训练能够使拓展训练变得更具系统性、科学性和操作性。当前，有很多企业、学校，为了培养企业员工、学校学生的团结与凝聚力，都会选择开展人工场地拓展训练，这对企业、学校的发展都产生了良好的作用。如今，拓展训练的发展速度越来越快，开始从专业的项目训练向大众的体验式运动演变。

2. 以体育竞赛形式开展的户外运动

在户外运动以拓展训练的形式迅猛发展的同时，以体育竞赛形式开展的户外运动也在迅猛发展。

1973 年，有 12 名运动员对长距离游泳、自行车、马拉松中，哪项运动是最严酷的体育运动展开争论，但最终也没有争论出结果，这 12 名运动员决定依次进行这三项运动，这是铁人三项赛的最早雏形。此后，新西兰地区又陆续开展了平原铁人赛与山地铁人赛。

在以体育竞赛形式开展的户外运动中，越野挑战赛具有十分重要的地位。越野挑战赛开始于 1987 年，当时法国的一名记者热拉尔·菲西在观看帆船比赛时突然想到，是否可以将伟大的航海家麦哲伦的环球航行历程作为根据，开展一场比赛，让更多的人参与到户外探险中。由此，热拉尔·菲西提出了一个异想天开的比赛计划：比赛时间为 7 天以上，每组 5 人，需要按照规定通过多个比赛检查站，其间不得使用任何机械化的交通工具。在热拉尔·菲西的不懈努力下，他找到了能够支持这项比赛开展的赞助者。

1989 年，第一届莱德加洛伊斯赛在新西兰南岛举办，这是世界上第一届国际探险越野赛。在参与该项比赛的 30 支队伍中，最后仅有 6 支队伍走到了终点。经过多年的发展，莱德加洛伊斯赛的赛期逐渐稳定，比赛场地多选在地势险峻的地方，比赛的运动形式有徒步、游泳、骑马、攀岩、航海等①。

1993 年，美国选手马克·本内特与他的队友参加了莱德加洛伊斯赛，在参与比赛的过程中，马克·本内特的探险越野兴趣受到激发，此后他在总结自己比赛经验的基础上，与商人布莱恩·塔克尔森联合创办了艾科挑战赛，该赛事在美国电视频道上被广泛播出，收视率爆表，吸引了众多观众的目光。相较于莱德加洛伊斯赛，艾科挑战赛不仅看重探险越野，而且将文化和生态环境因素加入比赛设计中，突出展现人文因素与风土人情。后来，因在运作出现问题，艾科挑战赛于 2004 年停播。

1997 年，在日本七星烟草财团的支持下，群策业务推广公司、国际管理集团、普利斯公关公司举办了七星国际越野挑战赛，该赛事持续 4 天，包括山地车、皮划艇、团队划船、越野技能、山地车等项目。七星国际越野挑战赛的项目种类多，赛道设计新颖，比赛节奏紧张，具有娱乐性

① 亓冉冉. 我国户外运动发展现状与对策研究［D］. 北京：中国地质大学，2013.

和挑战性的双重刺激，同时比赛组织规范，比赛纪录可比性强，与其他专业的竞技体育几乎在形式和方法上趋于一致。但后来因缺少赞助商支持，该项赛事也只能黯然停办。

发展至今，越野挑战赛逐渐风靡世界，大大小小的知名越野挑战赛有上百个，不同越野挑战赛有不同的比赛时间、比赛区域，这都为越野爱好者提供了不同的平台。值得注意的是，在这些比赛中，除了一小部分是只允许职业选手或有训练经历的业余选手参加的专业比赛外，其余大多数比赛都是面向大众开办的群众性越野比赛，这为大众参与户外运动提供了新的方式。

（二）国内户外运动的发展

20 世纪 80 年代，随着我国户外资源开始逐渐对外开放，各类外国登山者和探险者开始到我国进行山地穿越、徒步旅行、攀岩等户外活动，这为我国国民认识新的体育活动提供了现实条件。在外国户外运动者的带动下，国内的旅游、探险爱好者也开始加入户外运动中。

1989 年，中国首个从事野外运动的民间团体在昆明成立。1993 年，中国登山协会在北京召开了第一届全国野外运动研讨会，对户外运动的开展进行了分析与梳理，这对户外运动在中国的发展起到了一定的推动作用②。

1998 年，中国登山协会召开了第二届全国野外运动研讨会，对野外运动的发展进行了总结，提出了新的发展目标。此后，中国户外运动和户外俱乐部迎来发展高潮。在这种形势的推动下，国家体委提出要在全国范围内举办野外运动大会的想法，并交由中国登山协会组织人员进行广泛的调查研究，总结了一系列有关举办野外大会及促进户外运动发展的建议。

进入 21 世纪后，户外运动在我国进入高速发展阶段，户外运动年产值不断突破新高，上千个户外品牌在我国市场内展开激烈竞争。就我国目前情况来说，参与户外运动的方式有三种，分别是政府部门组织、有关俱乐部组织、个体自发组织。而随着户外运动的普及面越来越广，其发展表现为以下三个特点。

第一，目标人群的大众化。户外运动的参与者开始从高收入群体转向普通大众，户外运动正在成为全民都可参与的大众化体育运动。

第二，行为动机的多样化。参与者进行户外运动的目的从单一的挑战

② 李中华. 我国户外运动安全现状及其保障体系构建研究［D］. 成都：成都体育学院，2014.

自我向休闲娱乐、亲近自然、科学探究、追求刺激等方向发展。

第三，活动形式的灵活化。户外运动仅是一个大的运动项目名称，下面涵盖了多个可以独立进行的运动项目，同时这些项目还可以互相结合，形式十分灵活。

第二节　户外运动的功能与分类

一、户外运动的功能

当前，有越来越多的运动爱好者加入户外运动的行列中，户外运动的功能也日益凸显。具体来说，户外运动的功能包括以下几点。

（一）户外运动能够促进身心的健康发展

1. 对身体发展的作用

作为一项体育运动，户外运动与其他运动一样，都能够促进人体的身心健康发展。在现代社会中，人们生活节奏很快，个体需要面临的压力较大，因此需要具备强健的体魄与健全的人格。户外运动对个体身心健康的作用主要体现在以下两点。

第一，户外运动一般都是在空气清新的野外环境中进行，参与者在这样的环境中进行攀爬、跳跃、健走，能够有效地锻炼肌肉，提升心肺功能，从而实现个体身心健康的良好发展。

第二，与足球、网球等运动相比，户外运动的强度由参与者自己控制，主要的形式是徒步、登山等，参与者可以根据自己的身体情况及时调整运动强度，这能够使参与者更好地进行锻炼。

2. 对心理的发展作用

户外运动在促进参与者身体发展的同时，也能够使参与者的心理得到健康发展。具体来说，户外运动对参与者的心理发展作用主要体现在培养个体自我激励、拼搏向上、团结协作的品格与精神，具体分析如下。

第一，参与者在日常生活中可能会面临较大的压力，当参与到户外运动时，就能暂时逃脱现实社会带给自己的紧张感，并且其还能与大自然进行亲密接触，在感受户外运动的惊险、刺激中获得意想不到的快乐。

第二，户外运动通常是团队合作，在这个过程中，参与者要想走得更远、走得更好，就需要与团队中的其他队员合作，在这个过程中，参与者的合作积极性、参与性得到提高。

第三，在进行户外运动的过程中，参与者可能会遇到各种突发情况，在恶劣的野外环境中，参与者既要面临外在的生理考验，还要与自己内心想要放弃，但又不甘放弃的思想进行斗争。在这种双重压力下，参与者既能够锻炼身体素质，又能够培养其坚忍不拔、沉着冷静的品格。

（二）户外运动能够培养团队协作精神，促进和谐的人际关系发展

参与户外运动的爱好者作为社会个体，是组成社会的基本单位。人不可能脱离社会存在，社会的发展也需要人的参与，人与社会之间是相互影响、相互联系的共同体。人只有融入社会中，与社会中其他人进行交流，才能发展自我、完善自我，成为真正意义上有价值的人。

作为一项集体性项目，户外运动注重团队协作，需要队员具有团队精神。在参与户外运动的过程中，参与者身处空气清新、环境优美的大自然中，能够自然地与队友进行交流、进行互帮互助，这有助于人们拓展思维，提升交流能力。同时，在参与者的相互合作中，人与人之间的信任感得到强化，社会关系得到发展。此外，在户外运动项目中存在多个障碍，需要团队每个人都出谋划策，提供建议，在这个过程中，参与者的团队精神得到培养，与人合作的能力也得到提升。

（三）户外运动能够提升环保意识，促进人与自然的和谐发展

和谐社会的构建既需要人与人的和谐发展，也需要人和自然的和谐共处。随着经济的不断发展，自然环境也饱受环境污染的威胁。当前，环保问题已成为世界各国都十分关注的重要问题之一。与各国发展环保理念不谋而合的是，户外运动也倡导环保理念，希望参与者能够通过参与户外运动，意识到环境保护的重要性，在活动中做好环境保护工作，从而更好地爱护自然、保护自然，为子孙后代提供良好的生存环境。

（四）户外运动能够对社会经济的发展起到推动作用

当前，经济全球化进程不断加快，户外运动也开始在世界各地逐渐普及，相应地，户外运动产业也在众多产业的发展中呈现良好的发展趋势。

根据有关调查数据，户外运动产业在部分欧美经济发达的国家中已经成为重要的支柱性产业。户外运动涉及的产业链十分广泛，既包括服装、装备，也包括旅游度假、传媒营销等。从全球视角来看，户外运动拥有广阔的市场发展前景。

相比之下，我国的户外运动起步时间晚，产业链的形成与发展也不如欧美国家完善。但是近些年来，我国户外运动产业也展现出巨大的发展潜力，各类企业以销售装备、器材为主线，积极开发我国的自主户外运动品牌，这为我国户外运动装备、户外运动服务、户外运动赛事以及户外旅游产业的发展产生了动力，同时也带动了我国国民经济的有效增长。

二、户外运动的分类

户外运动中涉及的项目和内容很多，在进行户外运动项目分类时，需要参考三个要素进行分类，如图 1-1 所示。

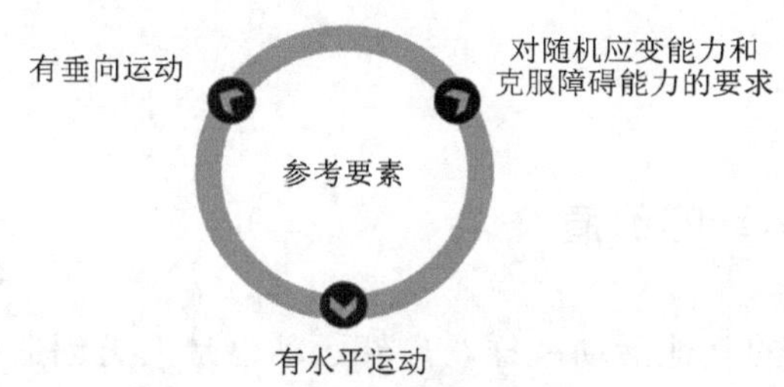

图 1-1　户外运动分类的参考要素

在此，我们主要以户外运动的地形为标准，将户外运动分为五大类，如表 1-1 所示。

表 1-1　户外运动的分类

分类	不同系列	具体项目
海岛运动	荒岛生存户外运动	觅食（水）、宿营、联络、求援等
	峭壁户外运动	海上攀岩、悬崖跳水等
	滩涂户外运动	滑沙、滩涂运动游戏等
	近岸水域运动	木筏环岛、水中滚木
山地运动	岩壁户外运动	攀岩、岩降等
	丛林户外运动	滑草、丛林穿越、丛林穿越、丛林觅食、丛林联络
	其他户外运动	群众登高运动

续表

分类	不同系列	具体项目
荒漠运动	沙漠户外运动	滑沙、沙漠穿越、沙漠生存
	荒原户外运动	穿越项目、生存项目
	戈壁户外运动	戈壁穿越、戈壁生存
峡谷运动	谷内户外运动	横渡、溯溪、溪降
	谷缘户外运动	搭索过涧、溜索、悬崖跳水等
建筑物运动	垂向户外运动	攀楼、攀塔
	水平户外运动	自行车、汽车公路穿越、公路徒步穿越

第三节　户外运动的价值与特点

一、户外运动的价值

与人类开展的其他活动一样，户外运动也是人类创造生命价值和意义的活动。具体来说，户外运动的价值主要包括两点。

（一）文化与精神价值

户外运动具有的文化与精神价值主要体现在以下几个方面。

1. 满足人们渴望挑战与冒险的需要

从古至今，人类从来都不缺乏冒险精神。从哥伦布发现新大陆，到郑和出使西域，每个历史时期的人们都在以自己的实际行动探寻着世界的奥秘。当前，处于现代化社会的人们，开始将户外运动当作一种超越自我、追求冒险的重要方式。在挑战与冒险需要的推动下，不同年龄、不同职业的参与者热烈地奔向高山、荒漠，在恶劣的环境中，尽情感受大自然带给自己的神奇与欢乐。

2. 丰富精神文化生活

喜欢参与户外运动的爱好者能够在户外运动中获得美的享受，这是他们参与活动的重要前提[③]。人们在参与户外运动的过程中，会与大自然进行亲密接触，呼吸新鲜空气，探寻那些在大都市中难以获得的新事物。可以说，户外运动为参与者提供了一条逃离现实压力的通道，在通道的尽头，参与者能够发现生活的本来价值，领悟生命的美丽，精神文化生活得到丰富，从而更热爱现实生活，在回归到现实生活后，户外运动参与者能够更有自信、有力量地进行新的活动，彰显生命新的价值。

3. 增加人们的文化认同感

每一次户外运动都会将参与者带到一个全新的地域。在探寻这个地域的过程中，人们可以领悟到与自己生活的地方不同的风景，同时也能够感受到大自然带给自己的震撼，了解到这个地方的风土人情与文化习惯，这会在无形中增加人们对祖国历史文化的认同感，强化人们的环境保护意识。

（二）教育价值

户外运动的教育价值主要体现在以下几个方面。

1. 学习并了解与户外运动有关的技术和知识

在参与户外运动之前，需要参与者学习并熟悉基本的户外装备知识、户外运动技术、户外生活技能。同时，在进行户外运动的过程中，通过与他人进行交流与合作，参与者也能够学习到其他新的技术与知识，这对提升参与者的野外生存能力具有重要的帮助作用。

2. 培养环保意识

在日常生活中，每个社会人都要承受来自各方面的压力，在都市生活节奏的重压下，个体几乎没有机会对环境保护进行真正的了解。而通过户外运动，个体能够亲自接触大自然，感受美好环境所带来的内在价值，这有助于参与者在结束户外运动后，认识到保持良好生态环境的重要性，树立环保意识。

3. 培养新的学习兴趣

户外运动是一项具有神秘性、冒险性、未知性的运动。在进行户外运动的整个过程中，没有人能够预料到会发生什么。因此，参与者能够通过

---

③ 舒钧. 户外运动的社会价值 [J]. 内江科技，2008 (8)：170＋129.

一步步地探险，发现新的事物，找到新的学习兴趣。特别是对于还处在学习阶段的青少年来说，适当参与户外运动，更能激发他们对科学、自然、生物、历史的学习兴趣，增强学习积极性与主动性。

二、户外运动的特点

户外运动的特点主要表现为以下三个特点。

（一）参与过程中人与自然具有高度融合性

户外运动产生于人类生活、生存的需要，关注的是人与自然的结合，是一种以尊重自然、理解自然为基础开展的体验活动。具体来说，参与过程中人与自然的高度融合性体现在以下几点。

1. 了解与接近自然

在早期的户外运动中，探险家渴望的是征服自然，探究新的未被光顾过的地方。到了现代，随着科学技术的发展与认知水平的提升，人们在进行户外运动时，更多的是以敬畏的态度去认识自然。人类社会与自然环境息息相关，大自然的神奇与奥秘需要人类进行探寻，这是人与自然高度融合性的主要表现。

2. 尊重自然环境及其发展规律

人类在进行户外运动的整个过程中，都要以尊重自然为前提，尊重自然现状、尊重自然规律。一切活动都要以不破坏自然环境和自然规律为首要准则，这也是人与自然高度融合性的重要表现之一。

（二）参与过程会受到环境的影响与控制

整个户外运动的开展过程会受到环境的影响与控制，主要体现在活动方式受活动场所的制约以及环境对户外运动过程和结果的高度控制性。

1. 活动方式受活动场所的制约

户外运动，即在户外开展的运动，活动场所和地点是在特定的自然场所。在一定意义上，户外运动的场所、地点特征会直接决定户外运动的形式。某地的自然环境直接决定了其能否开展某项户外运动。如山地地区开展的户外运动多为登山、攀岩；沿海地区则多开展海岛户外运动。

2. 环境对户外运动过程和结果的高度控制性

在正常情况下，基本上任意一种环境都会对运动过程和结果产生影响，甚至在某些情况下，环境会通过改变运动的条件对运动产生影响。例如，在遇到强气流和低（高）温时，几乎所有的户外运动项目都会受到影响。

与此同时，环境还会通过改变运动员的生理机能、心理状态等对运动造成影响，这主要体现在社会环境对运动的影响方面。从这点可以看出，户外运动与其他高水平竞技运动的不同之处在于，户外运动的活动场所和环境都属于较为自然的状态，自然场所有自己的存在状态和存在形式，其中涉及的各类可变因素较多，存在较大的可变性。参与者在这种环境下开展户外运动，心理和生理都会受到影响④。而其余高水平竞技运动会对运动场所和环境进行标准化和规格化整合，降低场所和环境对运动员的心理影响。户外运动正是因为具有这种环境对活动过程和结果的控制与影响作用，才使得参与者能够及时调整自己，更好地开展运动，获得户外运动带给自己的愉快感。

（三）户外活动的探索性与挑战性

现代生活节奏不断加快，每个人都为了生活得更好而不断努力，长时间的工作会使人的精神备受煎熬，而户外运动则为人们从这种煎熬中逃离出来提供了新的途径。人们在参与户外运动的过程中可以对自然进行了解，将日常生活中的烦恼抛在一旁，探索新的领域和新的知识。

同时，在户外运动中，人们可能会面临各种困难，需要凭借自己的智慧和体力战胜许多艰难险阻，及时变换行动方式，适应外界环境变换，这是户外运动挑战性的主要表现。图 1-2 展示了影响户外运动挑战性的主要因素。

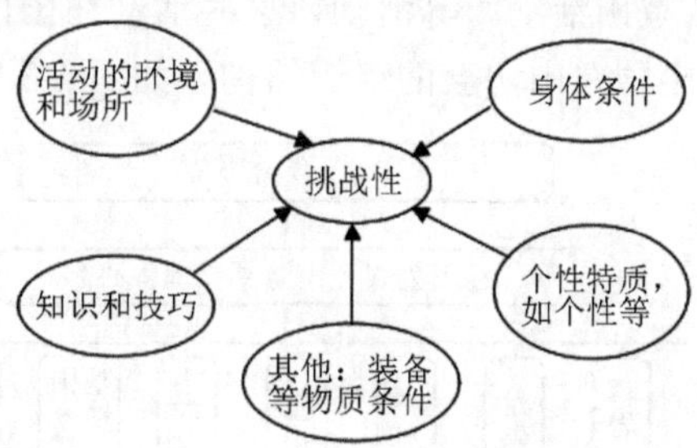

图 1-2　影响户外运动挑战性的主要因素

---

④　李红艳. 户外运动的理论与实践研究［D］. 北京：体育大学，2006.

但正是因为户外运动具有探索性和挑战性，才使更多的人加入户外运动的行列中来，因为它能够使人挑战自我、拥抱自然，培养自身的冒险精神与团队合作精神。从这个角度来看，户外运动的探索性和挑战性对个体身心健康的发展具有重要的价值。

第四节　户外运动的相关组织

户外运动的开展需要有关的组织进行管理，户外运动组织是整个户外运动活动与赛事的主导者。没有高效、系统的组织管理，户外运动就难以取得预期的效果。下面将重点对我国户外运动的有关组织和国际登山组织联盟进行介绍。

一、我国户外运动的有关组织

中国登山协会是目前国内负责组织、管理、普及登山运动的唯一全国性机构，也是代表中国参加国际登山联合会及相关国际组织的唯一合法组织。

近些年来，中国登山协会也开始注重发展与登山运动有关的项目，如攀岩、攀冰、户外运动、蹦极运动等，并举办了多场国际性及全国性比赛，这对中国登山运动的发展起到了推动作用，同时也为我国全民健身计划的实施提供了有效渠道。在国家体育总局的号召下，中国登山协会与各个地方组织通力合作，先后开展了“元旦八达岭登长城活动”“泰山国际登山节”“莫干山登山节”“健康老人登山活动”等活动，这些活动在国内外都引起了广泛的关注。下面将着重对中国登山协会的组织结构（如图 1-3 所示）进行介绍。

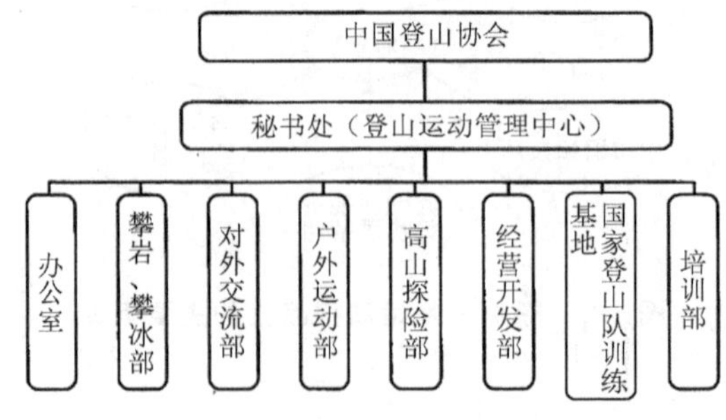

图 1-3　中国登山协会组织结构

（一）办公室

中国登山协会办公室的主要职责包括以下几点。

第一，起草中国登山协会的年度计划，进行工作总结。

第二，记录办公室主任的会议讲话，并整理成册。

第三，负责协调各个部门的日常工作，做好人员调动工作。

第四，对协会内的各类文件、简报等进行保管与编发。

第五，负责协会内的党务工作。

第六，负责协会内的中心纪检与法制工作。

第七，负责协会内成员的医保工作。

（二）攀岩、攀冰部

中国登山协会攀岩、攀冰部的主要工作职责包括以下四个方面。

第一，对全国与攀岩、攀冰有关运动进行指导与管理，并按照日程制定全国攀岩、攀冰运动的方针政策。

第二，负责策划与管理国际及国内攀岩、攀冰运动赛事。

第三，负责国家攀岩、攀冰集训队的建立、训练、竞赛、交流等活动。

第四，负责管理好攀岩、攀冰运动员的注册工作。

（三）对外交流部

中国登山协会对外交流部的主要责任包括以下四个方面。

第一，代表中国登山协会与来自国外的登山机构负责人进行商务洽谈等。

第二，对到华进行登山的外国人进行登记、联络、审批。

第三，负责协调国内各登山组织的日常工作。

第四，协助高山探险部进行高山探险市场挖掘，积极开发高山探险资源。

（四）户外运动部

中国登山协会户外运动部的主要工作职责包括以下五个方面。

第一，负责对全国户外运动进行指导与管理，并制定与户外运动发展有关的方针政策。

第二，负责策划和组织全国及国际户外运动的赛事。

第三，负责组建国家户外运动队，并按照有关规定进行管理。

第四，负责对全国登山户外运动俱乐部的资质进行认证。

第五，负责管理好户外运动员的注册工作。

（五）高山探险部

中国登山协会高山探险部的主要工作职责包括以下四个方面。

第一，对全国高山探险运动进行指导与管理，并制定全国高山探险运动发展的方针政策。

第二，对全国高山探险运动进行策划与管理。

第三，负责组建国家高山探险部，并负责日常的训练与管理工作。

第四，负责对国内外高山探险资源的开发，并定期开展相应的市场调研工作。

（六）经营开发部

中国登山协会经营开发部的主要职责包括以下三个方面。

第一，负责对协会内无形资产的使用制定有关标准。

第二，负责对与登山有关的活动进行策划。

第三，负责对登山、攀岩、户外运动场地装备器材进行保管与维护。

（七）国家登山队训练基地

中国登山协会国家登山训练基地的主要职责包括以下四点。

第一，负责登山、攀岩、攀冰、户外运动等活动的对内接待工作。

第二，为各个项目提供训练场所。

第三，对基地内部资源进行充分挖掘，开拓服务市场，实现积极创收。

第四，对基地内的公共设施资源进行管理与维护。

（八）培训部

中国登山协会培训部的主要职责包括以下五个方面。

第一，负责对全国户外登山运动工作进行培训与指导，并制定与全国登山户外运动发展相符的方针政策。

第二，定期对国际级高山向导、攀岩从业人员、户外运动指导员、登山联络官群体开展培训工作。

第三，负责整理与发布与中国登山有关的信息。

第四，负责收集登山技术资料，并对资料进行分类管理。

第五，负责中国登山协会知识产权的注册与保护。

二、国际登山组织联盟

（一）国际登山组织联盟的成立

1932 年，在法国沙慕尼召开了 18 个国家的运动员代表会议，决定成立国际登山组织联盟，该联盟是当前国际攀岩界比较认可的专业人士组织，现任主席是英国人麦克诺特·戴维斯。国际登山组织联盟倡导“强调安全，注意环保”，致力于促进人们参与攀岩运动。

（二）国际登山组织联盟的成员

1980 年，国际登山组织联盟在日内瓦召开会议，在会议上选出了 16 个常任理事国，这些国家分别是德意志联邦共和国、奥地利、比利时、西班牙、美国、法国、英国、希腊、意大利、日本、荷兰、波兰、瑞士、捷克斯洛伐克、苏联、南斯拉夫。中国在 1985 年 10 月加入了国际登山组织联盟。截至目前，国际登山组织联盟的成员共有 80 个。

（三）国际登山组织联盟的机构与工作职责

1.国际登山组织联盟的机构

国际登山组织联盟下属分设 9 个机构，如图 1-4 所示。

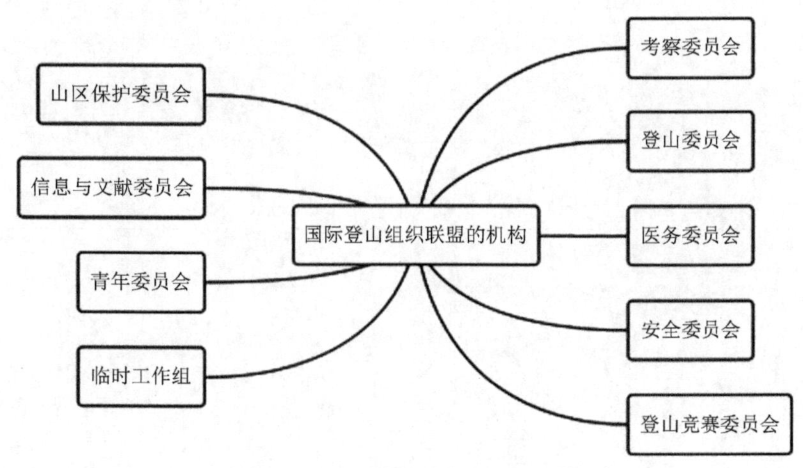

图 1-4　国际登山组织联盟的机构

2.国际登山组织联盟的工作职责

国际登山组织联盟的主要工作职责包括三个方面。

第一,负责召集全世界的登山运动专家,解决当前登山界存在的各类问题。

第二,每年召开一次只有联盟代表参加的会议,讨论国际登山运动的有关事宜。

第三,每两年召开一次大规模的全体会议,负责对各个下属委员会的工作职责完成情况进行检查。

第四,定期制定登山运动的发展战略。

第二章　户外运动的实用技能理论

近年来，户外运动受到越来越多人的喜爱，它成为人们休闲、娱乐以及提升生活品质的一种积极健康的生活方式。本章以户外运动的实用技能为着眼点，具体介绍了户外运动的基本准备、户外运动的生存技能以及户外运动的应急处置，以期为户外运动爱好者提供一些户外运动的实用技能知识。

第一节　户外运动的基本准备

户外运动的基本准备是实现户外运动顺利进行的重要保障。本节将从活动计划、身心准备、装备购置三个方面对户外运动的基本准备进行论述。

一、活动计划

户外运动爱好者大多具有回归大自然的愿望和挑战自我的勇气，在进行户外运动的过程中，他们可以欣赏到沿途的风景，但同样也会面临严酷的环境和各种不可预知的情况，这就对户外运动参与者的经验、体力、装备、团队意识等产生了极大的考验。因此，在开展户外运动之前，户外运动参与者必须首先制订一个详细周密的活动计划，确定活动的具体内容，这样既可以明确户外活动开展的目的，也可以帮助户外活动组织者考虑得更为全面。活动计划的详细程度对户外运动开展的效果起着直接的影响。下面对户外运动活动计划内容的制定进行具体的阐述。

（一）活动计划的准备

在制订活动计划之前，要做好活动计划的准备工作。具体来说，首先要先收集所去地方的相关信息，其次明确活动目标，最后要明确在所选活动地点进行的具体活动内容。下面对此进行具体介绍。

1.收集活动地点的信息资料

对于参与户外运动的人而言，尽可能地了解和掌握活动地点的信息是十分必要的。具体来说，户外运动参与者可以准备一份详细的地图，深入分析地图中包含的各种信息，同时多收集一些活动地点的相关资料，资料内容主要包括以下几个方面。

第一，活动地点的气候条件、日出日落时间、昼夜温差变化情况、风力风向变化情况等。

第二，活动地点河流的流向、流速，水的落差，是否有险滩等。

第三，活动地点植被的种类、特点及分布情况等。

第四，活动地点的交通、住宿、文化，当地人的生活习惯、风俗禁忌等。

总体而言，户外运动参与者只有对活动地点的信息了解得越多，才能更得心应手、因地制宜地进行取火、取水、搭房等，这一方面有利于提高自身的户外生存能力，同时也有利于降低自己在户外生存的危险指数。

2.明确活动目标

户外运动的目标并不是固定的，因此，每次进行户外运动之前都必须先明确此次户外运动的活动目标，这样才能最大限度地发挥出户外运动的功能与作用。如果户外活动的开展缺乏明确的目标，那么这次户外运动就会存在很多的安全隐患，活动也会缺乏趣味性，户外运动活动本身也就丧失了开展的意义。

3.明确活动内容

当户外运动的活动目标确定之后，户外运动组织者还要根据活动目标来确定活动的具体内容。因为每一次户外运动想要达到的效果是不同的，户外运动组织者要根据收集到的活动地点的资料，确定此次户外运动的活动内容。需要注意的是，户外运动组织者在确定活动内容时必须坚持安全第一的原则，要将户外活动的风险控制在户外活动参与者能够承受的范围以内。

（二）活动计划的制订

当活动计划的准备工作做好之后，户外运动组织者就要为户外运动的具体行程制订一个合理的活动计划。一般来说，户外运动的整个活动过程可以分为三个阶段，分别为活动前的准备阶段、活动的开始阶段以及活动结束后的恢复阶段。在活动的每个阶段，户外运动组织者都应该明确活动的任务与目标，列出具体的进程表，同时还要对活动过程中可能出现的各种情况进行预想并做出相应的准备。此外,户外运动组织者在每个阶段的每一次行动之前,都要制订一个周密详细的计划,然后按照计划的内容严格执行。

总体来说,在开展户外运动之前,户外运动组织者要有一个整体的计划,而每一个具体的步骤也要有详细的计划,这样户外运动参与者才能踏踏实实走好每一步,真正掌握户外运动的主动权,同时自己的安全也能得到切实的保障。

下面对活动计划制订的基本要求进行论述。

1.熟悉

户外运动组织者在制订活动计划时要保持头脑清醒、思路清晰,任何环节的制定都必须做到心中有数,活动内容要确保活动参与者可以顺利进行,要量力而行,不能过于冒险。

2.详细

户外运动组织者所制订的活动计划要保证内容详细,一般包括以下几个方面:①交通和线路问题;②住宿和饮食问题;③户外装备和物资的具体情况;④医疗卫生的保障情况;⑤活动期间的具体行程安排;⑥活动经费问题;⑦具体的人员情况。

3.共知

户外运动组织者要做出书面的活动计划,所有户外活动参与者都必须清楚该活动计划的内容并表示认可。另外,户外运动组织者在制订活动计划时最好有备用方案,且活动计划中最好留有机动人员来应对突发情况。

(三)强调安全意识

户外运动中存在很多风险因素,户外运动参与者在进行户外运动的过程中会遇到很多不可预测的情况,危险随时都有可能发生,因此,户外运动参与者必须树立安全防范意识,绝不可掉以轻心。具体来说,户外运动参与者要做好以下几点。

1.树立安全防范意识

安全是户外运动中最基本也是最重要的要求。只有树立安全防范意识,才能使户外运动参与者的安全得到保障。在户外运动的过程中,户外运动参与者经常会出现意外受伤的情况。因此,户外运动参与者在出行之前必须做好充分的准备,如充分了解户外运动目的地的相关信息,准备好一张详细的目的地地图，学习户外运动的安全救护知识和防范知识，清楚户外用品的正确使用方法等。户外运动参与者的准备越充分，户外运动的出行目的就进行得越顺利。此外，户外运动参与者准备得越充分，当发生意外时，户外运动参与者就越能及时、正确地组织施救，这样可以尽可能地减少损伤的程度，甚至挽救生命。

2.保持良好的心态

户外运动存在一定的风险和危险，户外运动参与者在进行户外活动时很可能会突然陷入危险之中。此时，户外运动参与者不仅需要具备一定的生存技巧，更需要具有坚强的意志和良好的心态。户外运动参与者要学会控制自己的情绪，不断调整自己的心态，只有始终保持良好的心态，才能克服遇到的难题，走出险境。

3.做好应对风险的思想准备与安全措施

面对户外运动中存在的风险因素，户外运动参与者必须做好应对风险的思想准备与安全措施。具体来说，户外运动参与者要始终保持理智，遵循循序渐进的原则，同时，户外运动参与者在平时也要加强自身的体能训练，不断积累户外运动的经验，这样才能提高自身进行户外运动的安全性。

二、身心准备

户外运动参与者在进行户外运动之前的身心准备主要包括体能训练和心理准备两部分，具体如下所述。

（一）体能训练

健康的身体与充沛的体能是人们开展户外运动的前提，而有目的的锻炼以及体能训练是十分必要的。因此，户外运动参与者在进行户外运动之前，除了要制订一个详细的计划之外，还要进行体能训练，以做好充分的体能准备。

因为户外运动具有危险性，即使是在熟悉的环境中，由于户外运动项目本身就具有较高的危险性，发生意外的可能性也是存在的，因此，在参加户外运动之前，特别是参加登山、高空运动等户外运动项目之前，户外运动参与者应该做一次身体健康检查和体能测试，这样户外运动参与者才能真正了解自己的身体健康状况，然后在此基础上制定合理的体能训练计划。总之，户外运动参与者事先进行健康检查是十分必要的。

除了健康检查，户外运动参与者在进行户外运动之前还要有针对性地进行锻炼。下面简单介绍几种符合户外运动特点的几种锻炼方法。

1.长跑

长跑属于一种速度慢、距离长、时间久的有氧锻炼项目。进行长跑运动时，跑步者的呼吸节奏应该是两步一呼、两步一吸，或三步一呼、三步一吸，呼吸的起伏节奏不宜过大。户外运动参与者在进行户外运动之前练习长跑时，可以按照以下方法进行：开始时每周长跑 3～5 次，每次跑 3000～4000 米，时间在 20 分钟左右；2～3 周之后，每次跑步的时间逐渐增长，最后增加到每次跑 40～50 分钟，距离则增加到 8000～10000 米或者更长。当然，锻炼者也可以根据自己的实际情况确定每天的运动量，但要注意运动量的增加必须要循序渐进。

2.负重行走

负重行走属于一种适应性练习，锻炼者可以选择背负 25～35 千克的重物行走，行走距离可设置为 3000～4000 米一组，每次锻炼 2～3 组。如果想要增加锻炼的难度，锻炼者可以在行走的途中设置楼梯、水沟、沙地等障碍。

3.游泳

游泳是户外运动参与者必须掌握的一项基本技能，户外运动参与者在进行户外运动之前可以选择长距离游，游距可在 500～1000 米，锻炼者可以根据自身情况选择适合自己的游距，然后在锻炼的过程中不断克服自己的"极点"。

4.跳绳

跳绳属于持续时间不长但强度较高的运动，它可以有效提高练习者的心肺功能和腿部力量，使练习者的耐力、力量、灵活性和协调性得到明显提升。练习者可以 120 个为一组进行练习，每组完成后可适当休息，再进行第二组练习，具体练习的组数视自身情况而定。

5.爬、跑楼梯

锻炼者在进行爬、跑楼梯练习时，可以进行分组练习，上下跑一趟为一组，一次练习 4～5 组，每两组之间休息几分钟，练习时间控制在 20～30 分钟。随着锻炼者运动能力的不断提升，锻炼者可以将练习的组数增加到 8～10组，每次练习的时间可以增加到 40～50 分钟。

（二）心理准备

户外运动是一项十分艰苦的运动，它十分考验参与者的体力和意志。健康的身体和完善的装备是进行户外运动必不可少的要求。此外，户外运动参与者的心理准备也同样重要，他们需要全身心融入大自然中，在享受大自然带来的美景的同时，也要承受其带来的各种艰难挑战。

总体而言，户外运动是以艰辛的方式获取特殊体验的一种运动形式，锻炼者要想真正享受户外运动的乐趣，就必须做好心理准备工作，不断提高自己的心理承受能力，这样在遇到困难时才能及时调整自己的心理，然后集中精力克服客观存在的各种困难，进而使自己的身心得到磨炼并变得强大。

三、装备购置

下面先对户外装备的定义与分类进行简单的阐述，然后对户外运动基本装备的购置与使用技巧进行具体的介绍。

（一）户外装备的定义与分类

1.户外装备的定义

户外装备指的是户外运动爱好者在进行户外运动过程中所需的各种服装、器械等物品。与居家生活和普通旅游活动不同，户外运动面临的环境比较复杂恶劣，缺少完善的补给条件。因此，装备在户外运动中占据十分重要的地位，合适的户外装备是户外运动参与者顺利完成户外活动并使自身安全得到保障的关键。

2.户外装备的分类

根据不同的分类标准，户外装备可以划分为不同的类型（如图 2-1 所示）。

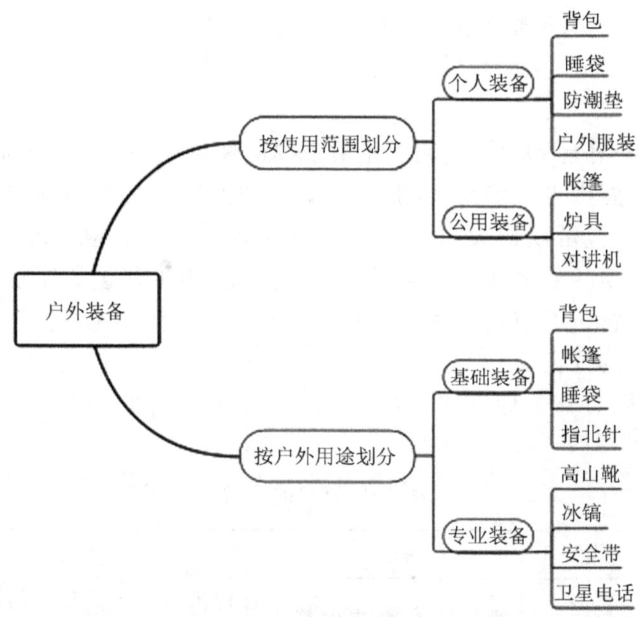

图 2-1　户外装备的分类

(1)个人装备与公用装备

个人装备与公用装备是按照装备的使用范围进行划分的。其中,个人装备是指供户外运动参与者个人使用的物品;公用装备则是指供团队集体使用的物品。需要注意的是,公用装备可能是属于个人所有但供团队分享使用的装备。

(2)基础装备与专业装备

基础装备与专业装备是按照装备在户外的用途进行划分的。其中,基础装备通常指的是大部分户外运动爱好者都会拥有的、常用的装备;专业装备则指的是在户外运动的特殊活动中需要用到的装备。

由于户外运动自身的特殊性,户外装备的设计与质量往往也有特别的要求。总体来说,户外装备要按照户外运动参与者的实际需求进行设计生产,户外运动参与者在购买户外装备时也要根据自己的实际需要来购置合适的装备,这样才能起到物尽其用的效果。如果户外运动参与者的装备不合适或装备使用不当,轻的会使装备使用者受伤,严重的可能会危及装备使用者的生命安全。

(二)户外运动基本装备的购置与使用技巧

下面将对户外运动的背包、帐篷、睡袋、防潮垫、户外服装等基本装备的分类、购买注意事项和使用技巧进行简单的介绍。

1.背包

背包是户外运动中最基础也是最重要的装备之一。因为人们在进行户外活动时，都要携带很多物品，那么一个专用的背包就会起到很大的作用。专业的户外背包可以最大限度地减轻户外运动者在负重情况下的身体疲劳，保持其行走的稳定性。下面对背包的分类、购买背包的注意事项、背包的状态技巧、背包的使用注意事项四个方面进行具体的论述。

(1)背包的分类

根据不同的分类标准，可以将背包划分为不同的类型，具体如表 2-1 所示。

表 2-1 背包的分类

分类依据	类型	用途	特点
按照使用范围划分	登山包	常用于高海拔山峰的攀登活动	背包上一般会设计专门的外挂点用于冰爪、冰镐、绳索等技术装备的携带
	徒步包	常用于基本上不需要携带露营装备的短途行走	结实舒适，背包容积一般在 20～40 升，具有一定的功能性
	越野包	常用于长途的负重穿越，需要在野外露营时使用	方便实用，结实耐用，舒适度高，负重能力较好
	旅行包	常用于城市、旅游景点的观光游览活动	设计上没有特殊要求，方便、实用、结实即可，单肩、双肩均可
	骑行包	自行车运动专用	背包容积在 10～20 升；紧凑贴身，不影响骑行；尽量降低风阻；背部透气性好；一般在背包外部有专门挂扣头盔的地方；背包上通常没有水袋口
	儿童包	专为儿童设计使用的背包	背包的尺寸符合儿童的身体特点，舒适性高

续表

分类依据	类型	用途	特点
按照结构功能划分	软式背包	一般用于上学、逛街等日常使用；部分在耐用性、功能性方面进行一些特殊设计的软式背包也可用于轻装登顶、攀岩、郊区徒步等户外运动	中、小型背包，没有内外支架，一般也没有背负系统，背包上会设计口袋口或耳机口等
	内支架背包	常用于户外运动	背包内部设有支架，使负重在臀部与肩膀之间进行分配；外观设计为流线型，符合人体功能学，背包紧贴背包者背部，有利于身体保持平衡
	外支架背包	常用于户外运动	具有十分牢固的外部支架，骨架架构为 H 形，背包以及背负系统（可调节腰带、胸带）都在背包的框架上固定

(2)购买背包的注意事项

户外运动者在购买背包时，除了关注背包的舒适性、耐用性和功能性，还要根据自身的身高、体型进行选择。具体来说，购买背包需要注意以下几点。

①购买背包时要根据自己所要参加的活动性质来选择包的大小与功能，要亲身体验，可以要求店员将背包负重，并对背负系统进行调整，只背空包难以检验背包的实际效果。

②背负背包时，腰带的中心点要在坐骨中央，腰带要有可调节的空间；腰部垫片的尾端相互之间不能离得过近；调整肩带固定点，使肩带的曲线与背部紧贴；背包的头包不能影响头盔的使用；女性背包的胸带位置一般会有特殊设计。

③检验背包的搭扣时可以让店员将搭扣外掰，若能向外翻转 90°并自

动弹回，则搭扣质量较好；搭扣扣入时要能感觉到弹性，会有短促的声音。

(3)背包的装填技巧

背包的装填要注意以下几点。

①背包重量的分布要合理，一般背包的重心要靠近背部，使臀部承受大部分重量，装好的背包左右重量要平衡，且物品要尽量压实，不要留下空间；若地势比较艰难，则可以适当降低背包的重心，来保持身体的平衡。

②要方便取用墨镜、手套、地图等一些随时要用的东西，最好放在头包或侧包中。

③坚硬物品在装填时不要贴近后背位置，以免物体的棱角压迫背部。

④物品要分类袋装，且最好养成物品固定位置放置的习惯。

(4)背包使用的注意事项

背包的使用需要注意以下几点。

①尽量不要将背包借给他人使用，这是因为背包的背负系统会根据常用背负者的身体调整定性，其他人使用也会感到不适。

②放下背包时要轻缓，以免损坏背包及其中的物品，且下包后要将腰带主扣扣上，以免被踩坏。

③如果需要经过无绳索保护的激流、陡峭地段，要打开腰带、胸带，并放松肩带，一旦出现危险，要能够以最快的速度实现人包分离。

④露营时要扣好背包口，以免昆虫、杂物等进入背包内；如果背包要置于帐篷外，最好用防雨罩覆盖，以免被露水打湿背包。

2.帐篷

帐篷是户外运动爱好者的“家”。在户外宿营时，夜里的低温与露水都会给人们的身体造成很大的伤害，帐篷可以起到防风、防寒的作用，此外，它还可以防止小型动物、昆虫的侵扰。下面对帐篷的分类、购买帐篷的注意事项和帐篷的使用技巧三个方面进行具体的论述。

(1)帐篷的分类

根据不同的分类标准，可以将帐篷划分为不同的类型，具体如表2-2所示。

表 2-2　帐篷的分类

分类依据	类型	用途	特点
按照帐杆划分	玻璃钢帐篷	常用于低强度的户外运动	帐杆比较重，材质比较脆，抗寒性、抗风性不强，价格便宜
	铝杆帐篷	常用于低寒地带的户外运动或攀登雪山时，但现在很多普通帐篷也使用铝制杆	材料是航空铝，重量轻，延展性与抗风性都比较好
按照帐布层数划分	单层帐篷	冲锋帐，用于攀登雪山	重量轻，体积小，对做工、材质的要求很高，所以价格也很高；具有防水透气的功效 （部分厂商生产的单层帐主要用于郊游、海滩等，抗风防雨性能都很差，不能用于户外运动）
	双层帐篷	双层帐布中，外账主要用于防水、防雨，内账主要用于居住	帐篷内人呼出的热气会透过内账，在外账内壁凝结成水珠并直接流到地面，这样不会打湿睡袋
按照适用季节划分	三季帐	在春、夏、秋三个季节的户外活动中使用	设计简洁，透气性良好；便于搭建，一般用 2～3 根帐杆撑起帐篷主体；材料性价比较高
	四季帐	可在比较严酷的自然环境中使用，如极地穿越、雪山攀登等	使用 3～4 根帐杆或更多的帐杆来增加强度，以适应大风、大雪等恶劣天气；保暖效果好，透气性略差；材质好，同等强度下质量更轻，价格较贵

除了上述提到的几种帐篷分类方法以外，帐篷的类型还可以按照帐篷的外观和搭建方式以及帐篷的大小进行划分（如图 2-2 所示），此处不再赘述。

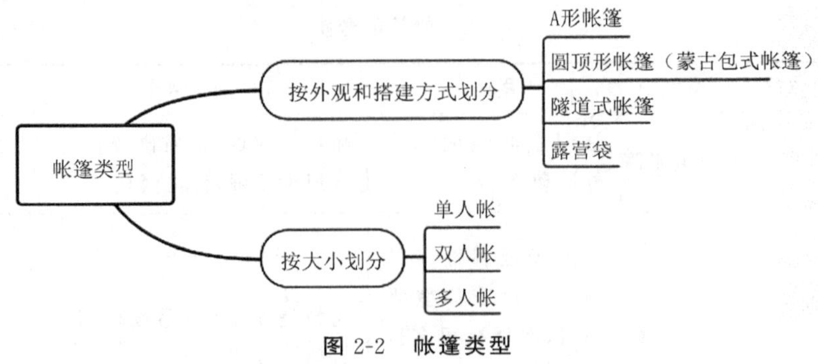

图 2-2 帐篷类型

(2)购买帐篷的注意事项

帐篷主要是为了向露营者提供一个相对舒适的休息环境,因此,帐篷必须具有防风、防雨、防潮、防露的功能。具体来说,户外运动爱好者在购买帐篷时需要注意以下几点。

①自身需求。购买者要先清楚自己要在什么环境中使用帐篷,然后根据自己的需求确定应该关注的重点是帐篷的强度、重量还是大小等。

②帐篷的重量。一般来说,如果是家庭露营、自驾车等旅行时使用,就不用太多考虑帐篷的重量,但若是从事登山、徒步穿越等户外活动时,帐篷的重量就对行程有着很大的影响。

③帐篷的空间大小。帐篷的大小要合适,帐篷过大会增加重量,睡觉时也容易造成热量散失;帐篷过小则太挤,影响睡眠质量。此外,要考虑一旦下雨,帐篷是否可以放在背包等装备中。

④帐篷的搭建。如果帐篷便于搭建,户外运动者就可以拥有更多的休息时间,尤其是在高寒地带,因为太过复杂的搭建方式需要花费更多的搭建时间,这可能会使人冻伤,甚至还会影响到自己的人身安全。

⑤帐篷的材料与做工。购买帐篷时,要注意帐杆的强度、防水胶的防水性、帐底材料的耐磨性与防水性等性能情况。此外,要注意帐篷的缝线是否整齐,线头是否露出,线与胶条的结合处是否脱落,帐门拉链是否流畅,帐杆接头是否光滑等。

⑥帐篷的颜色。如果购买者希望自己在自然环境中容易被人找到,就可以购买红色、米黄等颜色的帐篷;如果购买者想尽量减少对自然环境的影响,则可以选择绿色、棕色等低亮度颜色的帐篷。

(3)帐篷的使用技巧

帐篷的使用并不复杂,但使用是否得当,是否可以使其防风、防雨等效果得到最大发挥,就要注意以下几个方面。

首先是帐篷搭建地点的选择,要注意以下几点。

①搭建帐篷的地点应选择在相对平坦且不会有落石的地方,地面要相对干燥,最好是薄草坪。不要在水边扎营,以免突然涨水而将帐篷冲走,也不要在大树下面扎帐篷,以免遭雷击。

②帐篷的出入口应背对风口。

③尽量不要在斜坡上搭建帐篷,如果地面有一点坡度,帐篷的出入口要选择下坡处,这有利于挖排水沟。

④当搭建地点选定以后,要清理帐篷周围的杂物,如树枝、石头等,这不仅有利于提高休息的舒适性,也可以防止帐篷底部被划破。

其次是帐篷的具体搭建。帐篷铺开以后首先要做的事是固定帐篷的四角,在地面铺平帐篷的底部,然后按照帐篷搭建的方式撑起帐篷,要使用地钉与防风绳,两者之间的角度最好成 90°。如果是双层帐,注意外帐要绷紧,同时要使内、外帐之间要保持一定的距离,以免影响防雨、防露的效果。如果条件允许的话,帐篷下可以垫一张地席,一方面可以起到保护帐底的作用,另一方面可以起到良好的防水效果。

最后是挖排水沟。露营时的天气状况是无法确定的,特别是在山区,所以扎完帐篷后要在其四边挖排水沟,位置以使外帐的水恰好可以流入排水沟为宜。

帐篷在使用的过程中需要注意以下几点内容:第一,登山鞋不能穿进帐篷,以免鞋底的小石粒或烂泥磨损或弄脏帐篷底层;第二,避免雨水进入内帐;第三,尽可能不要在帐篷内点火做饭;第四,睡觉时要打开通气口来保持帐篷内空气的流通。

3.睡袋

如果说帐篷为户外运动者提供了“房间”,那么睡袋和防潮垫就相当于“被褥”。合适的睡袋能够为户外运动者提供温暖、安全的睡眠条件,它是户外露营必不可少的物品。下面对睡袋的分类、购买睡袋的注意事项和睡袋的使用技巧三个方面进行具体的论述。

(1)睡袋的分类

根据不同的分类标准,可以将睡袋划分为不同的类型,具体如表 2-3 所示。

表 2-3 睡袋的分类

分类依据	类型	特点
按照形状划分	木乃伊形睡袋（妈咪形睡袋）	形状似木乃伊，肩部较宽，往下至脚部逐渐变窄；肩部以上能收紧，包裹着头部，以免温度流失
	信封形睡袋	形状似信封，多用于强度不高且环境较为温暖的户外活动中
按照材质划分	棉睡袋	通常可用于春、夏、秋三个季节的户外活动；其内部填充物一般是中空棉，重量较轻且保暖性能较好
	抓绒睡袋	抓毛绒材料较薄，保暖性能一般，常用作夏季睡袋或旅店投宿时的卫生睡袋；不过其与其他睡袋配合使用则有较好的保暖效果
	羽绒睡袋	其内部填充物为鸭绒或鹅绒，保暖性很强且便于压缩，多用于寒冷天气的户外活动

(2)购买睡袋的注意事项

购买睡袋时，户外运动者可以根据自己经常参加的活动的强度，来选择睡袋的种类。具体来说，购买睡袋要注意以下几点。

①睡袋的材料。大部分人参加的户外活动多集中于春、夏、秋三个季节，那么选择价格低廉的棉睡袋就足够了。与羽绒睡袋相比，棉睡袋在淋湿拧干之后仍具有一定的保温效果，因此它可以用于南方潮湿多雨的环境。若要进行长线旅游，且住宿条件差异较大，购买者则可以买一个轻便的抓绒睡袋，套在旅馆的卧具里面。若需参加冬季户外运动，且温度在 - 10℃以下，就需要购买羽绒睡袋。

②睡袋的温标。极限温度是极端条件下睡袋可以使用的最低温度，户外运动者在购买睡袋时要根据舒适温度来选择。例如，如果你喜欢在夏季进行露营活动，又怕热，那么你可以选择舒适温度为 5℃ 的睡袋。一般来说，睡袋温标的舒适温度在 - 5℃左右，就能够在春、夏、秋三个季节使用。若是想在冬季进行露营、极地探险等户外活动，睡袋的温标要达到 - 30℃ ～ - 15℃，这类睡袋通常是羽绒睡袋。

③睡袋的大小。睡袋的长度、宽度也是购买睡袋时需要注意的问题。

合适的睡袋空间应该是身体可以摆动而没有拘束感。睡袋过小会影响睡眠质量,睡袋过大就需要更多的体热来温暖睡袋,睡袋过长会使脚部难以保暖,而睡袋过短则会使睡袋尾端紧抵脚部,填充隔绝层被压平后脚部同样难以保暖。

(3)睡袋的使用技巧

睡袋不能使身体增温或加热,只能减缓或降低身体热量的散失,因此,保持温暖的最好方式是使身体储存更多的热量并布置好外部环境。具体来说,在选择好温标合适的睡袋之后,要想使睡袋真正起到舒适、保暖的效果,就要做好以下几点。

①达到营地,扎好帐篷之后就先把睡袋打开,让睡袋保持蓬松的状态,时间越长越好;

②睡觉时要将颈部、帽子部分的隔离收紧,为了增加保暖的效果,可以在脚下放一些衣物;

③睡袋要时刻保持干燥,特别是羽绒睡袋,因为潮湿会使其丧失保暖功能,且不容易干。

4.防潮垫

与睡袋一样,防潮垫也是开展户外活动必备的装备,其作用主要是防潮、隔热,抵御地面传来的寒气,同时减轻不平坦地面对身体造成的不适感,进而保证户外运动者的睡眠质量和身体健康。下面对防潮垫的分类、购买防潮垫的注意事项和防潮垫的使用技巧三个方面进行具体的论述。

(1)防潮垫的分类

市场上经常见到的防潮垫主要分为两种,具体如表 2-4 所示。

表 2-4 防潮垫的分类

<table>
<tr><th colspan="2">分类</th><th>材质</th><th>特点</th></tr>
<tr><td rowspan="2">泡沫防潮垫</td><td>开放式发泡防潮垫</td><td>多由膨胀的聚氨酯制成</td><td>内部有许多细微的气室可使外界空气进入,隔热效果良好;不过容易吸水,遇水则不能使用</td></tr>
<tr><td>封闭式发泡防潮垫</td><td>内部由泡棉填充</td><td>内部有许多封闭的细微气室,隔热效果好,不能吸水;有一定的重量,垫子有些薄,舒适性略差,不过,现在为了提高垫子的舒适性,多选用双层封闭式发泡防潮垫</td></tr>
</table>

续表

分类	材质	特点
自充气防潮垫	表面是尼龙布	防水性好、组织细密；设有自动充气气阀，便于空气流通

(2)购买防潮垫的注意事项

户外运动者在购买防潮垫时要考虑以下因素。

①天气状况。如果购买者进行户外活时的天气状况比较稳定，如在春、夏、秋三个季节一般不会出现温度过低的情况，那么防潮垫的舒适度就更重要一些。如果活动开展时的气候状况难以掌握，那么购买者在选择防潮垫时就要偏向于隔绝性能好的防潮垫。

②舒适度。由于户外露营的地面情况是不固定的，且每个人的睡眠习惯也不同，因此防潮垫的舒适度可根据自己的喜好进行选择。一般来说，越厚越柔软的防潮垫，其舒适度也越好，不过其重量会比较大，且价格较贵。

③体积。因为防潮垫大多数情况下都是挂在背包外面的，如果购买者不希望背包外显得过于零碎而被树枝剐蹭，就可以选择体积较小的自充气防潮垫，这样就可以将防潮垫放在背包里。

④重量。一般舒适性好的防潮垫都比较厚，其重量也会随着厚度的增加而增加。如果购买者要进行登山、长途穿越等户外活动，最好选用轻便耐用的防潮垫。如果是自驾出游，则可选择舒适但沉重的气床。

⑤价格。泡沫防潮垫的价格一般都比较便宜，而自充气防潮垫的价格则高出其 3～4 倍。由于防潮垫属于易耗品，因此，一般的户外爱好者选择泡沫防潮垫就足够。

(3)防潮垫的使用技巧

防潮垫在使用的过程中主要注意以下几点。

①防潮垫通常都挂在背包外面，为了避免不必要的损坏，延长其使用寿命，可在防潮垫外面套上防潮垫套。

②为了增加保温效果和舒适度，防潮垫可以与地席、地布一起使用。

③如果使用的是自充气防潮垫，在自动充气结束后，使用者可以补 2～3 口气，这样可以增加防潮垫的弹性，不过不要过多依靠嘴补气，因为口中带有的水汽会缩短气阀的使用寿命。

④防潮垫的材质属于易燃物，因此在使用防潮垫时必须注意防火，不能在防潮垫上使用炉具。

5.户外服装

户外运动的开展会遇到各种的天气情况，为了顺利地完成活动计划，同时也为了使自己的身体不受伤害，户外服装的重要性不言而喻。下面对户外服装的分类、购买户外服装的注意事项和户外服装的使用技巧三个方面进行具体的论述。

(1)户外服装的分类

为了适应多变的自然天气，抵御恶劣环境对身体的伤害，减少身体热量的散失以及迅速排出运动中产生的汗水，户外运动者总结出“三层着装”的经验。具体来说，“三层着装”分为以下三层。

①基本层，即排汗层。基本层主要为贴身所穿的内衣，其主要功能是使人体的皮肤表层保持干爽、不闷热，因此，基本层服装的舒适度与排汗性十分重要。如果人体排出的汗水在皮肤表面蒸发，就会带走身体中很多的热量，进而会令人感到寒冷。

②中间层，即保暖层。该层服装的主要作用是在衣服内形成一个空气层，成为良好的隔热媒介，这样外界的冷空气就会被隔开，从而起到保暖的作用。理论上来说，中间层越厚，服装的保暖效果也就越好，如果觉得冷，户外运动者可以多穿中间层。

③最外层，即隔绝层。最外层服装即人们经常提到的“冲锋衣”“冲锋裤”，其主要是为了防水、防风、防撕，并起到一定的保暖透气效果。因为最外层服装是直接面对外界环境的，因此其最终目的是降低外界恶劣环境对身体的影响。此外，人体产生的汗水最终要排出体外，因此，为了避免汗水的蒸汽在中间层凝聚，最外层服装要具有一定的透气效果。

(2)购买户外服装的注意事项

一般户外服装都具有特殊的功能，一方面可以起到保护户外运动者的目的，另一方面也能降低将天气变化对户外运动的影响。因此，户外运动者在购买户外服装时关注的重点应该在服装的功能、用途上，而非颜色、样式上。具体来说，购买者在购买户外服装时要考虑以下几点。

①服装的功能。户外运动者购买户外服装时需要考虑的一个重要因素就是服装的功能，即便是服装的颜色也要满足功能性要求，例如，外层服装大多采用明亮鲜艳的颜色，这是为了方便户外活动队友辨识。此外，基本层服装要注意排汗的功能，中间层要注意保暖的功能，最外层要注意防水、防风、防撕等功能，这些都是基本要求。由于户外运动可能面临着严酷的环境，因此，在选择户外服装时必须十分严格，不能只关注低价或时尚。

②服装的用途。户外运动者在购买户外服装之前要先考虑其用途，合

理搭配“三层着装”。例如,南方降水比较多,购买外层衣服时要特别注意衣服的防水性能;如果经常在春、夏、秋三个季节参加户外活动,就没必要购买羽绒这种保暖衣物。

③服装的重量。如果需要长时间的负重行走,那么户外运动者购买的户外服装重量自然越轻越好。总体来说,在性能、价格相似的情况下,户外运动者可以选择质量较轻的服装。

④服装的价格。价格是购买者选购户外服装的重要因素之一。一般来说,使用传统材料制成的户外服装,其价格会便宜一些,而使用科技含量高、功能性更强的新型材料的户外服装,其价格则比较高。购买者在保证服装正常使用的前提下,选择自己经济实力可以承受的产品,例如,如果价格百元左右的抓绒衣物已经可以满足保暖需求,购买者就不一定要购买千元以上的防风抓绒产品。

(3)户外服装的使用技巧

户外服装在使用的过程中要注意以下几点。

①衣物是通过包裹身体,利用体温起到保暖的效果,因此,当身体感到冷时可以多穿几件衣服。总体来说,衣服穿着的多少要按照天气、温度来调节,太冷、太热都不利于身体健康。

②在相同的温度下,由于风、雨会带走人体的热量,因此,在进行户外活动时必须穿防风、防雨性能好的服装。

③由于户外运动过程中人体会产生较多的汗水,当基本层服装不能迅速将其排出时,户外运动者要注意保持适当的运动以保持体温,不要在阴凉的地方长时间休息,在到达营地后要迅速换上干爽的衣服,以免受凉感冒。

④晚上露营时可以将自己白天汗湿的衣服放入睡袋中,然后用自己身体的热量将其蒸干,这样第二天可以继续穿。

⑤在户外运动时,尽量不要穿牛仔服、毛衣、棉服等日常衣服。

第二节　户外运动的生存技能

户外运动的生存主要包括食宿生存、环境生存和危难生存三个方面。下面对这三个方面的生存技能进行具体的阐述。

一、食宿生存技能

食宿生存技能主要包括觅食取水、宿营选址和生火野炊三个方面，具体如下所述。

（一）觅食取水

1.采食野生植物

要想采食野生植物，首先必须能够辨识出什么是可食野生植物，这对于野外生存具有重要的食用意义。我国横跨寒、温、热三带气候，其中大部分地区处于温暖地带，适宜各种植物的生长。其中可食野生植物主要包括能够食用的野菜、野果、蘑菇、藻类等，而如何鉴别它们是否有毒是关键。

一般来说，将采集到的植物划开一个口子，然后向口子内撒入一小撮盐，观察口子有没有变色，通常变色的植物是不能食用的。至于野果，如果没有辨识可食野果的经验，户外运动者可以观察鸟、猴子等选择哪些野果进行食用，一般这些食物人吃起来也是无害的。采集的野菜可以生食，也可以炒食、蒸食、煮食等，而经过加工再食用可以减小野菜中的毒性及其异味。

2.寻找水源

寻找水源的方法有很多，下面介绍几种常用的寻找水源的方法。

（1）通过感官寻找

户外运动者可以通过听、嗅、观察来寻找水源。具体来说，户外运动者可以凭借听觉器官，听山脚、山涧、谷底、断崖等地是否有流水声、蛙声、水鸟叫声等，若能听到这些声音则说明附近存在水源地，且该水源是可以直接饮用的活水。户外运动者还可以通过鼻子来嗅潮湿气味，或者嗅空气中是否有刮风带过来的泥土腥味和水草味，然后按照气味的方向寻找水源。此外，户外运动者还可以凭借自己的知识与经验，通过观察地理环境、气候、动物等情况来找到水源，例如，如果夏天蚊虫聚集成圆柱形状飞则此处有水源；如果有青蛙、蜗牛、大蚂蚁居住则此处有水源。

（2）根据植物生长情况寻找

一般来说，生长有金针、马莲、香蒲、木芥的地方有水源，水位较高且水质比较好；生长有蓬蒿、灰菜、沙里旺的地方有地下水，但水质不好，且常带有苦涩味道。另外，初春时，如果其他树枝都没有发芽，而其中一棵树发芽了，那么此处就有地下水；入秋时，如果同一个地方树枝都枯黄了，而其中有一棵树的树叶仍不黄，那么此处也有地下水。

(3)因地制宜寻找

户外运动者可以根据地形地势来判断地下水位的高低。例如，山脚下通常有地下水，干河床的下面、河道转弯处外侧的最低处向下挖几米也有水。不过，地下水中包含较多的泥浆，需要先进行净化处理才能饮用。

(4)直接从植物中取水

在南方的丛林中很容易发现野芭蕉(也称作仙人蕉)，这种植物的芯含水量很大，户外运动者只需用刀快速将其底部砍断，就会有干净的液体从茎中滴出，此外，野芭蕉的嫩心也能够食用，户外运动者在粮食不足时也可以用其充饥。此外，户外运动者还可以从芦荟、仙人掌及其果实中，葡萄藤、猕猴桃藤、五味子藤等藤本植物中，以及春天树木发芽时的桦树、山榆树等乔木的枝条和树干中获取饮用水。需要注意的是，一些带有乳浊液的藤、灌木、乔木的汁液通常是有毒的，千万不能食用。

上面提到的取水方法虽然有效，但仅限于在野外缺水时使用，如果单纯地依照上述方法寻找水源则会十分辛苦，且限于短时间(3～5 天)和人员较少(3～7 人)的情况下。因此，寻找水源并非长久之计，从安全的角度出发，户外运动者最好不要独自闯丛林，即使多人一起时也尽量不要规划远离水源超过一两天的路程。

3.饮用水的净化处理

通常情况下，除了井水(地下深水井)与泉水能够直接饮用以外，其他的水如河湖水、雪水、雨水、露水等都最好先进行消毒处理，具体方法如下所述。

①在水容器中放入净水药片进行搅拌，然后静置几分钟就可以饮用了。一般来说，一片净水药片可以对 1 升的水进行消毒，若水质比较混浊，则可以使用两片净水药片进行消毒。

②若没有净水药片，可以用医用碘酒对水进行消毒。在净化过的水中，以每升水中滴入 3～4 滴碘酒为标准进行消毒，若是水质比较混浊则在每升水中加入更多的碘酒进行消毒。搅拌摇晃之后静置 20～30 分钟即可饮用。

③漂白剂(亚氯酸盐)也能起到消毒的作用。在净化过的水中，以每升水中滴入 3～4 滴漂白剂为标准进行消毒，若是水质比较混浊，加入的漂白剂则要加倍。然后将水和漂白剂摇匀，静置半小时即可饮用。不过，使用漂白剂消毒的水中会有漂白剂的味道，喝的时候要注意不要将水中的沉淀物喝下去。

④若是没有任何消毒药物，也可以用食醋进行消毒。在净化过的水中

倒入一些醋并进行搅拌，之后静置半小时即可饮用，不过水中会有醋酸味。

⑤在海拔3000米以下的地方，如果有火种，也可以通过将水煮沸5分钟的方法对水进行消毒。

另外，在野外探险中，喝水要科学。一次性喝太多，身体并不能完全吸收，多余的水分就会被排泄掉，造成浪费。正确的做法是，一次只喝一两口，并含在口中慢慢咽下，当感到口渴时再重复上述动作，这样反复饮水，一方面可以缓解口干舌燥的症状，另一方面也可以使身体将水充分的吸收。

4.应急解渴

(1)蒸发取水或收集露水

户外运动者可以在树枝上套一个塑料袋，然后将袋口扎紧，树叶蒸发的水分可以在袋中聚集，天气越热，蒸发的水分就越多，获得的水也就越多，一般来说，这个方法每天可以收集1升左右的水。户外运动者还可以用塑料布来收集露水，因为在凌晨，随着气温的降低，空气中的水分会在植物上凝结成水珠，早晨将塑料布铺在植物下，摇晃植物后就可以收集一部分水来缓解干渴。

(2)海水

在不得已的情况下饮用海水是否可行目前尚有争议。根据法国博士阿兰·邦巴尔的观点，如果你有淡水，将淡水与海水按照2∶1的比例掺和在一起饮用可以延长供水时间，且不会对人的身体造成伤害。但是，如果没有淡水就喝海水来救命，那么高盐度的海水会使人体内的总渗透压升高，人在短暂解渴之后就会大量排尿，这会使体内的水分大量流失。

(3)人尿

如果确实没有水，小便可以用来应急解渴。事实上，小便并不污秽，人们大多是由于心理作用才觉得难以下咽。如果条件允许，人们可以用竹筒做一个过滤器，在底端开一个小孔，然后将小石子、沙土、碎木炭依次放入，将小便排于这个竹筒中，小孔中流出的就可饮用。

(二)宿营选址

在进行户外运动时常常需要在野外宿营，它可以为户外活动增添乐趣。营地条件的好坏会对登山的进程以及队伍的战斗力产生直接的影响。下面介绍一下如何进行营地的选址。

1.选择平坦的地面

营地应该选择地面比较平坦的地方，如富含矿物质的土壤上、森林中铺满层层落叶的地面上、水流边的碎石堆或沙滩上等，这些地方都很平整，当户外运动者躺在防潮垫上时，会发现睡在这种地面要比睡在柔软却凹凸不平的地面上舒服得多。但是，如果是在有大风的天气里，宿营地点的选择要以帐篷的安全为主，而不应考虑舒适，帐篷最好搭建在大石头堆中或矮灌木丛中。

2.地势高低的选择

若是可以选择不同的海拔高度进行宿营，最好选择防风防雨且山洪淹不到的高处，那里通常也不容易发生雪崩、落石的情况。此外，海拔的高低对温度有直接的影响。若户外运动者感到寒冷，可以将宿营地点选在海拔较低的地方；若天气比较闷热，户外运动者则可以将宿营地点选择海拔较高的地方。

3.注意来自上方的危险

营地的位置如果有落石、雪崩、泥石流等可能，户外运动者的生命安全就会受到威胁。若是必须要在这种地方露营，人们要尽量避开山脚下的低洼地带以及上述危险的地方。在树林中选择搭建帐篷的位置时，要尽量避开那些往下掉树枝的死树，以免人被砸伤、帐篷被扎破，同时还要注意附近是否有死树枯枝，如果这些死枯树枝是因为倚靠在别的树上才没有倒下，那么它们很可能在一阵风或一场大雨后就掉下来了。此外，在选择宿营地点时，要留意周围是否有很大的蜂巢，以防被蜇伤。

4.注意营地的排水

排水问题是选择营地需重要考虑的问题，特别是在可能出现暴雨的情况下，在选择营地时，不仅要避开低洼地带，也要避开完全平整的地面，特别是那种被压得十分结实几乎没有缝隙的土地，因为这种地面雨水难以渗入，这就容易使营地被淹。如果是在干燥的地区宿营，且时间正处于旱季即将结束的时候，此时不要将营地选在干涸的鹅卵石河道上，因为一旦出现暴雨，河道就可能恢复成一条宽阔的河流。如果是在山区宿营，户外运动者要找到洪水可能到达的最高水位线，因为暴雨可能会使水位迅速升高，甚至还可能超出河道的范围。

5.注意躲避蚊虫

炎热潮湿的环境会滋生许多蚊虫，而成群的蚊虫则是露营者十分害怕的东西。户外运动者在选择宿营地时要避开茂密的草地、死水塘边以及所有可能有积水的地方。此外，蚊虫通常不会在通风的地方聚集，因此，风口是闷热夜晚进行宿营的一个很好选择。

（三）生火野炊

吃在野外生存中是十分重要的，因为人的身体需要补充必需的能量来维持生命。人们通常将在野外的生火做饭叫作野炊。下面简单介绍一下野炊的流程。

1.搭建野炊灶

搭建野炊灶是野炊的基础与必备条件。在野营时，人们会携带现代化设备如煤气炉、汽油炉等。但是，在没有这些灶具的情况下，人们就需要充分利用当地的地形、地物和能够找到的燃料来搭建简单实用的炉灶。下面介绍几种常用的野炊灶。

（1）三石炉灶

三石炉灶是最简单且使用历史最长的一种炉灶。其搭建方法是：取三块高度大体相同的石块摆放成三角形，将壶或锅架在上面。一般来说，壶底或锅底要距离地面大约 20 厘米，如果使用的燃料是牛粪，那么高度最好不要超过 20 厘米，如果使用木柴则要稍高一些。

（2）吊灶

吊灶指的是将壶或锅吊挂着的一种灶。其搭建方法是：找到两根有杈的树枝，竖直插入地面，在两根树枝有杈的部位横着架起一根木棍或帐篷杆等，然后将壶或锅吊在该横架着的木棍或帐篷杆上，并在其下方进行生火。此外，也可以用石块垒一道“U 形墙”来替代两根树枝，然后在 U 形墙上架起木棍或帐篷杆。需要注意的是，U 形墙的开口要在吹风方向，这样便于燃料燃烧。

（3）坑灶

如果宿营的附近既没有合适的石块，也没有树枝，那么也可以在地上挖坑做灶。其修建方法是：在地面上挖出一个 120 厘米左右长、30～40 厘米宽、20～30 厘米深的斜形穴坑，坑口朝着风吹的方向，然后用土在穴坑的两边堆起土包，将木棍或帐篷杆架在土包上，将壶或锅吊挂在木棍或帐篷杆上，在坑底生火，一般来说，壶底或锅底与坑底的距离要大于 20 厘米。

2.取火

火是野外生存必不可少的东西，在寒冷降温时火可以用来取暖，篝火可以用于烘干衣物，而热水、热餐则能够帮助户外运动者减轻身体的疲乏。因此，如何取得火源是户外运动必须要考虑的重要问题。

火种一般包括火柴、打火机、喷枪、火石等。下面简单介绍几种火种的使用技巧。

①携带打火机，同时最好也携带普通火柴与防风火柴，要注意将它们妥善保管，以免受潮不能使用。可在火柴上滴蜡防潮，使用时将其剥除即可。如果条件允许也可以携带易于引燃篝火的喷枪。

②携带火柴时为了防止它们互相摩擦发生自燃，可以将火柴束成一捆放在胶卷盒等防水器中。

③引燃火苗的物品不建议使用报纸，它不容易引燃，最好使用事先准备好的浸过打火机油的木屑。

④如果户外活动开展的地点位于海拔很高的地区，那么打火机、普通火柴等就无法使用，这时将普通火柴与高山火柴绑在一起，同时划动会更容易点燃。

二、环境生存技能

户外运动者需要掌握的环境生存技能主要包括辨别方向和识别气象，具体如下所述。

（一）辨别方向

在进行户外运动时，要想不迷路，用最短的时间到达目的地，户外运动者就需要掌握辨别方向和位置的知识与技能。下面介绍几种常用的野外定向方法。

1.利用仪器辨别方向

常用的辨别方向的仪器包括指北针、对讲机、全球定位系统（GPS 系统）的信号接收设备等。简单来说，指北针通过利用地球磁场的作用，指示北方，使用者再配合地图找到相应的位置，就可以基本了解自己所处的位置。对讲机是户外运动者彼此之间保持联络的重要通信器材，一般来讲，对讲机的功率越大，其通信的有效距离也就越远，团队间的互通可以大大降低方向出错的可能性。全球定位系统可以帮助人们迅速找到目的地，并提供最优路径，户外运动者可以携带 GPS 信号接收设备来找到行进路线。

2.利用手表辨别方向

如果户外运动者的手表有指针，且走时准确，就可以利用手表来辨别方向。将手表的时针指向太阳，时针和12点之间的夹角平分线就是正南方向，如果正好是12点，那么12点就是南方。如果手表没有指针，可以根据正午时刻物体阴影来确定方向。

3.利用植物辨别方向

有些野外植物及其生长特征也可以用于辨别方向。具体如下所述。

①根据植物的趋光性来辨别方向。例如，在北半球，植物的花朵、叶子大多朝向南方，以此可判断大致方向。

②根据喜阴植物的生长特性来辨别方向。例如，苔藓、地衣等喜阴植物，其阳面叶子通常较小、干燥且手感较硬，阴面叶子则较大、湿润且易折断，在北半球阳面叶子大多朝向南方。

③根据植物的形状来辨别方向。户外运动者可以根据山嘴、风口、岸边等地方的孤立乔木来辨别方向，例如，山口的松树因季节风的作用，南侧枝叶茂盛，北侧枝叶则较为稀疏。

4.通过观星辨别方向

我国位于北半球，在天空晴朗的夜晚，人们在任何位置都能够看到位于北半球正北方向耀眼的北极星。而要想看到北极星，就需要先找到形似“勺子”北斗七星。用目光将“勺子”顶的两颗星连接起来，连线的长度延长4倍就能找到北极星。

（二）识别天气

天气的变化是人们在户外活动中十分令人担心的事情。在进行户外活动之前，人们要提前了解最新的天气情况，在活动进行的过程中也要随时查看天气预报。但是，天气预报只能预报大范围内的天气变化情况，无法预报局部地区的小气候变化，因此，户外运动者必须自己掌握预测天气的技能，通过观察自然界的各种变化，如云的颜色、风向等来预测天气情况。下面简单介绍几种识别天气的方法。

1.根据天气变化征兆来预测天气

当你位于山区时，如果白天谷风是从山谷吹向山顶，而夜晚则从山顶吹向山谷，且在早晨，山凹处的朵朵云团慢慢分化成雾气并逐渐散去，傍晚太阳落山时，西边山谷的上方出现橙色的晚霞，那么第二天的天气会很好。反之，如果白天谷风从山顶吹向山谷，夜晚则从山谷吹向山顶，而在清晨时满山的雾气到了太阳落山仍未散去，夜间感到闷热，那么第二天的天气就会越来越差。此外，如果你在太阳周围发现了一个"大晕圈"，这预示着未来短时间内会下雨；如果月亮周围有了"小晕圈"，这预示着未来短时间内有大风；如果你看到半山谷的云雾迅速上升，这预示着暴风雨即将来临。

2.根据云层来预测天气

通过观察云层来预测天气是有一定科学依据的。我国民间谚语"朝霞不出门，晚霞行千里"就是告诉人们，当早上看到彩霞时不要远行，因为天气可能变坏，而如果是在傍晚看到彩霞就可以远行，因为天气不会有很大的变化。另外，如果在日落时西边天空中出现了红色的云，这预示着第二天会是个大晴天；如果随着太阳的升高，太阳周围的云层由刚刚升起时的红色变成了黑色，这预示着很快就会下大雨。

3.根据雾气来识别天气

通过观察雾气来判断天气的变化是有一定科学道理的。一天中最冷的时候是在天亮之前，此时空气中的水蒸气遇冷会凝结成雾，如果晚上天空中没有云，地表的热量就不容易凝聚，很快就散失了，这样早上的气温就会偏低，出现雾气的可能性就更大，因此晚上没有云、早上有雾就是天晴的象征。但若是晚上有雾，这些雾主要是因为地面稀薄的冷空气使得空气中低层的暖湿空气凝结而形成的，这些雾又会使云层增厚，天气则渐渐变成了阴天，因此晚上有雾预示着第二天天气不好。我国谚语中的"十雾九晴""早雾晴，夜雾阴"等就是通过雾来反映天气变化的。

4.根据动物行为来预测天气

自然界中的很多动物对天气变化都很敏感，认真观察动物的行为，可以预测一些天气变化。例如，如果天空中燕子飞得很低，则很可能即将下雨；如果在白天发现松鼠在储存粮食或兔子在寻找食物，则天气很可能会变坏；如果发现蜘蛛在蜘蛛网上添丝，那预示着天气可能会变好。除了上述动物行为之外，自然界中还有很多动物的行为也能作为识别天气变化的依据，在此不再一一列举。

三、危难生存技能

下面主要从求救营救和自我生存两个方面来介绍危难发生时的生存技能。

（一）求救营救

由于户外活动的生存环境十分恶劣，参加户外运动的人难免会遇到各种灾难。及时了解自己的处境，告知他人并求得救援对于户外运动者而言是极为重要的。如果不幸遇险，如何发出求救信号来引起人们的注意很重要，下面介绍几种常用的求救方式。

1.烟火信号求救

火光是一种十分有效的联络信号。遇险者可以根据自己的情况来发出烟火信号：白天可以在火堆上放些青嫩的树枝、苔藓等来产生浓烟，浓烟易引起他人的注意，是很好的定位器；如果是在沙漠或雪地，可燃烧汽油、橡胶等能够产生黑色烟雾的物品来引人注意；晚上可以多放些干柴来使火升高，引起他人的注意。

目前，国际上通用的求救信号是燃放三堆火焰，即将火堆摆成三角形，最好每两堆火堆的间隔距离相等，如果遇险者伤势过重、过于饥饿虚弱或燃料紧缺，难以凑成三堆火焰，那么点燃一堆亦可。需要注意的是，虽然人们不可能让全部的信号火种全天燃烧，不过人们必须准备妥当，保持燃料干燥易点燃，这样一旦发现有飞机经过就能迅速点燃求助。

2.地对空信号求救

如果遇险者位于草地、雪地、海滩等地面比较开阔的地方，可以制作地面标志来求救，如将青草割成一定的标志或在雪地上踩出一定的标志，还可以使用国际民航统一规定的低空联络符号来与空中取得联络进行求救。户外运动者要记住以下几个单词：SOS（求救）、HELP（帮助）、LOST（迷失）、WATER（水）、DOCTOR（医生）等。

3.旗语信号求救

遇难者可以将一面旗子或者一块颜色鲜艳的布料系在一根木棒上做“八”字运动，具体来说就是手持木棒在左侧长画，在右侧短画，动作幅度要大。如果遇难者与营救人员的距离相隔不是很远则不需要做“八”字运动，只要左侧长画一次，右侧短画一次，左侧划的时间要稍长一些。

4.声音信号求救

如果遇难者与营救人员相隔不远，遇难者还可以通过大声呼喊的方式求救，具体做法是：三声短，三声长，再三声短，时间间隔 1 分钟之后再重复呼喊。

5.反光信号求救

遇难者可以利用阳光发出反光信号进行求救，而充当反射镜的材料有很多，镜子最为理想，如果没有镜子，用金属铂片、罐头盒盖、玻璃等都可以。连续性的发射会规律性地产生一条长线和一个圆点，这是一种莫尔斯代码，即使你并不知道什么是莫尔斯代码，随意反照阳光也容易引起人们的注意，不过，户外运动者最好可以掌握SOS代码。需要注意的是，遇难者一定要时刻环视天空，一旦发现有飞机经过，就要迅速反射出信号光，不过这种光线可能会使营救人员产生目眩的感觉，因此，遇难者一旦确定自己被发现，就不要再发射光线。

6.留下信息求救

在离开危险地带时，遇难者要留下一些便于营救人员发现的地面信号物，这些信号物可以帮助营救人员了解你的过去的位置以及推测你现在的位置，其中方向指示标对于营救人员寻找你的行动路径十分有帮助。方向指示标包括将岩石或碎石块摆成箭形；在树杈之间支撑一根棍棒，棍棒顶部指着自己的行动方向；用三块岩石、木棒传达危险或紧急的信号等。

（二）自我生存

虽然户外探险、野外生存存在很多危险，但这并不意味着户外运动者就要拿自己的生命去冒险，相反地，户外运动者应该尽自己最大的努力来降低或避免危险发生的可能性。因此，除了充分的物资准备与身体准备以外，户外运动者在参加户外活动时还要携带一些有利于自我生存的物品。下面介绍几种常用的自救互救物品。

1.报纸

报纸在户外活动中能够发挥很大的作用，除了供阅读消遣、点火和防暑之外，报纸还有以下几种特殊作用。

（1）保暖

户外运动后人们会出大量的汗，衣服也会被汗水浸湿，休息时风一吹，身体热量就会散失，这不仅容易使人感到冷，黏在身上的湿衣服也不方便人的行动。此时，将报纸前后贴身铺平即可以用来保暖，这是最简单实用的应急方法。这是因为报纸的致密性很强，挡风效果好，且出汗后报纸可以吸附人体的汗液，避免汗液将衣服浸湿，且当报纸潮湿之后，在空气中晾干还能再次使用。

(2)驱虫

野外时常会有各种飞虫走兽出没,特别是蚊虫的骚扰影响人们的休息,十分令人厌烦。而点燃一张略微潮湿的报纸,其产生的烟能够驱走蚊蝇和一些爬行动物,且报纸燃烧后产生的火焰,甚至还能够驱走一些野兽。

(3)夹板

摔伤是户外运动中十分常见的事情,一般在现场不能断定是扭伤、脱臼还是骨折,急救时会按照骨折来进行处理,即固定受伤部位,避免其移动,以免发生二次损伤。固定受伤部位需要使用夹板,在户外,获得夹板的机会很多,如树枝、树干等,不过最安全方便的夹板其实是报纸。因为报纸比较柔软,而用树干做夹板则需很多衬垫,且报纸很轻便,也有利于减轻他人搬运的负荷等。

(4)预防和纠正呼吸性碱中毒

在空气稀薄的高山地区,人们一般会通过加快呼吸来改善自己缺氧的状况,但过度呼吸会使人呼出更多的二氧化碳,这容易造成呼吸性碱中毒,情况严重的会对人们的生命安全造成威胁。户外运动者可以将报纸卷成漏斗状,然后在漏斗顶端留出直径1厘米左右的小孔,再用漏斗的底部将自己的口鼻包裹住,此时一部分呼出的二氧化碳会再次被吸入呼吸道,这种方法可以预防和纠正呼吸性碱中毒。

2.高锰酸钾

高锰酸钾是最为常见的一种化学物品,也是户外运动中不可或缺的物品。高锰酸钾的主要用途包括以下几点。

(1)生火

高锰酸钾和有机物接触、摩擦后会产生热量,从而引起燃烧。户外运动者可以将高锰酸钾和砂糖以2∶1的比例进行混合,然后在干木片中间进行研磨,在天气干燥的情况下,木片很快就可以燃烧起来。

(2)做标记

户外运动者如果在雪地中迷路了,可以在雪地上撒上一些高锰酸钾颗粒,因为这些颗粒在雪地中是紫色的,能够为营救人员引路。需要注意的是,这些紫色只能保持大约两个小时。

(3)净化水

自来水厂在净化水的过程中会加入高锰酸钾,这是净化水所用的一种常规添加剂。户外运动者在野外取水后,可在每升水中加入3～4颗高锰酸钾,然后静置半个小时就可以饮用。

(4)消炎

高锰酸钾是一种强氧化剂,其与有机物混合之后会释放出新生态氧,可以起到极强的杀菌作用。临床上通常使用浓度为1∶5000～1∶2000的高锰酸钾溶液来冲洗皮肤创伤、脓肿、溃疡等,直接用溶液漱口则可以消除口臭并对口腔进行消毒。不过,要注意准确掌握溶液的浓度,如果溶液浓度过高,会腐蚀伤口,造成局部溃烂。此外,在配置溶液时还要考虑时间问题,因为高锰酸钾释放氧的速度比较慢,浸泡时间至少达到5分钟才能起到杀菌的效果,且要用凉白开配置溶液,如果用热水的话,高锰酸钾溶液将会失效。

第三节　户外运动的应急处置

户外运动会遇到很多突发事件,这种情况下的应急处置就显得十分重要。下面介绍几种常见的户外运动应急处置。

一、抽筋与扭伤

(一)抽筋

抽筋是指肌肉不由自主地出现强直性收缩,即肌肉痉挛。一般在运动过程中,小腿腓肠肌最容易出现肌肉痉挛,其次是屈趾肌、屈指肌和屈肌。当出现肌肉痉挛时,肌肉局部变硬且十分疼痛,指、趾会不自觉地屈曲,难以伸直。

下面简单介绍一下抽筋产生的原因以及如何处理和预防抽筋。

1.原因

抽筋产生的原因一般有以下三点。

第一,寒冷刺激,当在冷水或冷空气等环境中锻炼时,如果准备运动进行的不充分,就很容易引发肌肉痉挛。

第二,肌肉收缩失调或肌肉损伤,当肌肉连续收缩的频率过快,肌肉得不到充分地放松也会引发肌肉痉挛,或是肌肉总是反复出现细微损伤,此时肌肉会出现保护性的强直收缩。

第三,电解质失调,尤其是在夏天,人们在运动过程中会排出大量的汗液,这时人体内的电解质平衡会出现失调的情况,这会引起肌肉痉挛。

2.处理

处理抽筋的方法是，对屈曲的指（趾）进行牵伸，从而使痉挛的肌肉因牵伸而解痉，然后对抽筋部位进行按摩、热敷。注意避开寒冷环境的刺激，并适当补充一些盐开水。

3.预防

预防抽筋需要注意以下几点。

第一，加强日常锻炼，提高身体的适应能力，同时在运动开始之前要进行充分的准备活动，尤其是在寒冷的环境中进行锻炼之前。

第二，当身体出现疲劳时，不要长时间进行剧烈运动。

第三，对于经常出现肌肉痉挛的部位要多进行适当的按摩。

第四，夏天身体排汗量多，适当喝一些盐开水来补充身体流失的电解质。冬季时注意身体的保暖，如果进行冬泳的话，注意不能在水中长时间不活动，即使是在夏季，如果水温比较低，游泳的时间也不要太长。

（二）扭伤

扭伤是指关节活动超出了正常范围，造成肌肉、筋膜、肌腱等因受强力牵拉而发生损伤或撕裂的情况，容易出现扭伤的部位是人的手腕、腰部、踝部、颈部等。扭伤大多发生于行走在凹凸不平的地面、穿高跟鞋、下楼梯以及剧烈运动等情况下。当出现扭伤后，伤员受伤部位会出现肿胀且疼痛难忍，时间一长则会出现青肿斑。如果是急性腰扭伤，其临床表现为急性腰筋膜损伤、急性腰部韧带损伤和急性腰椎后关节紊乱等。如果是足踝扭伤，人们将难以行走。

下面简单介绍一下扭伤产生的原因，以及如何处理和预防扭伤。

1.原因

扭伤产生的原因主要是剧烈运动、不慎跌倒、过度牵拉或扭转、负重持重姿势不对等，造成了某一部位的皮肉筋脉受损而导致经气运行受阻、经络不通、瘀血壅滞局部等。

2.处理

在对扭伤者进行扭伤处理时，必须先稳定伤者的情绪，然后对其受伤的部位进行固定，最后用冷湿的布敷盖在伤者的扭伤部位。如果伤者的颈部、腰部出现扭伤，在搬运伤者时不能移动伤者患处，以免二次损伤。如果是脚踝扭伤，除了对患处进行冷敷以外，还要用宽布条将脚踝固定，若是仍需继续走路，则不要脱掉鞋，若因为脚肿穿不上鞋，那么就用脚踩穿着鞋进行固定，然后到附近的医院进行就诊。需要注意的是，因为扭伤经常伴有关节脱臼或骨折，所以不管扭伤的程度如何，最好不要立即洗澡、按摩，应该及时到医院进行医治。

3.预防

每次在进行运动之前，运动者必须做足准备活动，尤其是经常出现习惯性扭伤的部位更要进行充分的准备活动。另外，运动者还可以购买一些护具（护腕、护膝等）对容易扭伤的部位进行保护。如果是进行比较专业的户外活动，运动者还可以按照专业运动员的方式进行贴扎，用专业的贴布对脚踝部位进行固定。

二、脱臼与骨折

（一）脱臼

撞击、突然跌落等都可能导致关节脱臼的发生，脱臼部位会出现明显的畸形，且极为疼痛，一般可以明显感觉到皮肤下脱臼骨骼的一端，因为骨骼端部一般不容易损伤，所以脱臼部位通常没有明显的摩擦声，而痉挛的肌肉会缠绕在骨骼周围，当对脱臼部位进行复位时会伴有剧烈的疼痛感。人体容易脱臼的部位主要有肩部、腭部和手指，下面对这三个部位脱臼的复位方法进行简单的介绍。

1.肩部脱臼

如果伤者的肩部出现脱臼，进行复位的人员对其进行复位时，要脱去自己的靴子，将脚撑在伤员的腋下，然后拖动脱臼的臂部来进行复位。还有一种更冒险的方法，即复位人员曲肘 90°作为杠杆，用肘顶着关节窝使肩部复位。复位之后，要用吊索支持臂部，同时用绷带将肩部和胸部固定好，然后好好休养。

2.腭部脱臼

腭部脱臼一般都是因外部打击造成的，不过有时候也会因为打呵欠而出现腭部脱臼的情况。

如果出现腭部脱臼，进行复位的人员要在伤者的下牙上放好布衬垫，将病人的头部靠牢固定,然后用拇指向下压动布衬垫,同时用手指前后转动腭部错位的地方,这样就可以使腭部脱臼的地方突然复位。复位之后,要用绑带将伤者的头部和下腭缠绕固定两周,进食的食物要松软一些。

3.手指脱臼

如果手指脱臼,伤者可以自己拽动手指,然后再渐渐放松来使骨头复位,当然,若是有人握牢伤者的腕部,复位时的效果会更好。不过需要注意的是,这种方法只能用拇指轻轻试一试,如果没有效果,就不能再进行下去了,以免造成严重伤害。

(二)骨折

骨折常伴有肿胀、压痛、骨骼畸形、骨擦音、活动失常等症状。施救者可以根据伤者受伤的症状与体征来对其骨折的情况进行如下诊断。

第一,闭合性单纯性骨折。骨头折断,但没有明显移位,周围软组织损伤不严重,骨头也没有穿破皮肤。

第二,开放性骨折。骨头断裂一端穿破皮肤露在外面,因此伤处容易被感染,要注意保护伤口不受污染。

第三,复杂性骨折。骨头断裂一端刺伤了血管、内脏和神经,对关节产生影响,症状比较严重。需要注意的是,救护或搬运伤者不当也可能产生这些症状,所以在救护伤者和搬运伤者时必须小心谨慎。

第四,单纯性关节脱臼,也可能是复杂性脱臼并带有关节骨折等情况。

如果在户外运动中有人员出现骨折,在进行现场救护时,首先要对伤者进行止血、止疼,以防止其休克;其次要对骨折处进行制动,以防止出现其他损伤;最后要对开放性伤口进行冲洗和包扎,以免伤口感染,同时要尽快将伤者送至医院注射抗破伤风血清并进行手术治疗。

下面简单介绍一下骨折处制动的几种固定方法。

第一,夹板固定。在用夹板固定之前,要先稍稍牵引骨折远端,然后将骨折处固定,松紧度要合适。

第二,自体固定。如果没有夹板或其他能够替代的材料,救护人员可以利用伤者的躯干和肢体,用绷带或三角巾临时进行固定,如上肢利用躯干进行固定,下肢利用健侧进行固定。

第三,其他物体固定。救护人员可以用一些有一定硬度和韧性,且长宽合适的物体替代夹板进行固定。如果有脊柱骨折或疑似脊柱骨折的伤者,切勿将其徒手搬运或抬至担架上,而是应该用硬床板对其进行搬运,搬运的几人要同时将伤者翻转到硬床板上,注意动作要同步,以免脊柱发生扭转。

在搬运的过程中，最好使伤者保持俯卧姿势，如果是仰卧，就要在伤者伤处加垫物，使脊柱保持过伸姿势，注意不能发生脊柱扭转和前弯曲屈，否则可能会损伤脊髓，进而造成截瘫。

三、热昏厥与脱水

（一）热昏厥

一些身体素质较弱的登山者在夏季登山过程中，因为剧烈运动而使体力消耗过大，特别是身体内流失的水分、盐分没有及时得到补充，这时就很容易出现热昏厥的情况。

热昏厥的主要症状是：①感觉疲惫无力，烦躁不安，伴有头疼、恶心或晕眩；②脸色苍白，皮肤会感到湿冷；③呼吸快却浅，脉搏跳得很快但不强；④体温可能是正常，也可能会出现下降；⑤可能在腹部和下肢出现肌肉抽搐的症状。

如果有人发生热昏厥，其他人要快速将患者移到阴凉处躺下；如果患者症状较轻，意识清醒，可以让其慢慢喝一些凉开水；如果患者出现大量排汗、抽筋、呕吐、腹泻等症状，则应该在水中加入一些盐（每 1 升水中加入一茶匙盐）再饮用；如果患者已经失去意识，就要让患者以卧姿躺下进行休息，直到患者症状减缓再送到医院进行进一步医治。

严重的热昏厥有时也称作中暑或热中风，这是一种紧急状况，人在中暑时，体内积累了大量的热，此时人体内核心器官的温度会升高到 41℃甚至更高，这是十分危险的。如果有人中暑，要将患者快速移至阴凉处，然后用包了冰块的湿毛巾敷到患者头部和身上，或者用蒸汽冷却法来降温（将水泼到患者头上，扇动空气进行物理降温），当患者体温降至 38℃左右时就不用再继续降温了。但是，中暑患者的体温状况一般不太稳定，可能会再次升高，因此需要继续观察病人，如有需要则要再次为其降温。

（二）脱水

人在脱水的时候常常会伴有失钠等电解质丢失的症状。如果脱水多于失钠，人体血浆和细胞外液会浓缩，进而发生高渗性脱水，即血浆渗透压高于正常高限（大约为 300mmol/L）。如果脱水少于失钠，就会发生低渗性脱水，即血浆渗透压低于正常低限（大约为 270mmol/L）。

“口渴”其实就是人体脱水而形成一个自我保护信号，它告诉我们身体已经脱水，需要为身体补充液体了。事实上，口渴并非唯一的脱水信号，在口渴之前，如果出现尿量减少，尿的颜色变深，皮肤起皱，身体疲惫和食欲下降等症状，则证明身体已经开始缺水了。如果脱水进一步发展，脱水之人会出现情绪烦躁、体温升高、心率变快、注意力不集中、动作协调能力减退等症状，这就很容易造成运动损伤，若不及时补液，很可能会演变为严重脱水、中暑甚至休克等热病。

户外运动中预防脱水的方法主要包括以下两种。

第一，户外运动者可以在各种环境中进行不同强度的运动训练，以增强人体对运动性脱水的耐受性。

第二，及时进行补液，使机体内水分达到平衡。户外运动者应该根据自己的运动特点和运动情况，在运动前、运动过程中、运动后及时补水补液。补液时要坚持少量多次的原则，还要适量补充一些无机盐。

四、毒虫毒蛇咬伤

（一）蝎咬伤

蝎螯刺一般只会引起局部疼痛与轻微肿胀，形成淋巴管炎与区域性淋巴结肿，伤者会感到伤口周围皮肤的温度升高，触碰时有刺痛感。蝎毒液会立刻引起疼痛，但一般不会肿胀。而被蝎咬伤后，成年人主要会出现心跳过快、呼吸加快、高血压、体弱无力等症状，而儿童则可能会出现头、颈、眼异常乱动和紧张不安的症状。如果 6 岁以下儿童以及高血压患者被蝎尾螯刺可能会死亡。

目前，世界上已知的 1500 余种蝎中，有 25 种能够致人死亡。剧毒蝎的明显特征就是钳子小、尾巴大。一般来说，蝎的毒性大多比蜘蛛小，但是其毒性的穿透力以及注入人体内的毒量往往是不容忽视的。

被蝎子蛰伤后，应立即拔出毒刺，在近心端结扎带子，注意每 15 分钟放松一次，再用 20%肥皂水或 10%苏打液冲洗伤口，也可用细盐水敷在患处，并用布包好，同时也可以在伤口处进行局部冷敷，或用蛇药片调成糊状敷于伤口 3 厘米处，同时注意多喝水，以利于排出毒素。

（二）蜈蚣、千足虫咬伤

在蜈蚣属中，一些体型较大的蜈蚣具有一定的攻击性，会咬伤人并致痛，进而引起伤口局部水肿并出现红斑。一般，被蜈蚣咬伤后经常出现淋巴管炎与淋巴结炎，伤口坏死的情况比较少见，感染的情况基本上没有，且蜈蚣咬伤的体征与症状极少有持续超过48小时的情况，如果认真观察伤口，可以发现两个针刺样的创口，这是由蜈蚣上颚造成的，这也是区别蜈蚣咬伤与蜘蛛咬伤的关键。如果被蜈蚣咬伤，将冰块放在被蜈蚣咬伤的伤口上可以起到止痛的作用。

千足虫本身不咬人，但是如果人触碰或摆弄千足虫，它会分泌出一种引起局部刺激的毒素，这些毒素严重的会导致红斑、疱疹和局部坏死的情况。如果千足虫的毒性分泌物进入皮肤，要用大量肥皂水进行清洗，注意不能用酒精，如果皮肤发生反应，可在伤口附近敷上皮质类固醇。

（三）毒蛇咬伤

蛇是维持生物多样性与生态平衡不可或缺的一员，其对人类的益处要远大于其对人类的伤害。因此，如果在户外活动中遇到蛇，不要惊慌，也不要去挑逗或伤害它。最好的处理方法就是尽可能避开它，不要惊扰到它，如果实在无法避开，可以采用打草惊蛇的方法将其驱赶走。

如果不幸被毒蛇咬伤，被咬伤部位会留有牙痕，并伴有肿胀和疼痛感，还可能出现出血和淋巴结肿大的情况，而根据蛇毒性质的差异，中毒者全身症状会有所不同。在对被毒蛇咬伤的伤者进行急救时，要尽早防止毒素的吸收和扩散，尽量减少局部损伤。一般来说，蛇毒会在3～5分钟被人体吸收，所以急救越早越好。

如果有人被毒蛇咬伤，现场急救时应该采取以下措施。

首先，用止血带或橡胶带在被毒蛇咬伤的肢体近侧5～10厘米处进行绑扎，之后用手对伤口周围进行挤压或者用嘴吸（吸的人不能是口腔黏膜破溃者），以将毒蛇毒液排出体外。

其次，用肥皂水、清水对伤口周围的皮肤进行清洗，再用生理盐水、0.1%高锰酸钾溶液或清水反复冲洗伤口。

再次，将被毒蛇咬伤的肢体浸入4℃～7℃的冷水中3～4小时，再改用冰袋，这有利于减缓毒素被人体吸收的速度和毒素中酶的活力。

最后，进行排毒和药物治疗。具体来说，如果被毒蛇咬伤的时间在24小时以内，急救人员可以以牙痕为中心切开“＋”形伤口使毒液流出来，也可以用拔火罐、吸奶器等物品吸吮毒液，不过，切口不能太深，以防损伤血管，如果伤口内有蛇牙残留则要立刻取出。对于药物治疗而言，常用的解毒抗毒要有上海蛇药、南通蛇药等，此外还可以用利尿剂、激素等进行辅助治疗。

总之，参加户外运动者要掌握毒蛇的习性，加强野外防护，在进行户外活动时尽可能不要将腿和脚踝裸露在外，必要情况下最好穿上长筒靴。如果已经被毒蛇咬伤，注意不要奔跑，这样会加速毒素的扩散，最好就地包扎、吸吮和冲洗伤口，然后尽快到医院医治。

五、出血

出血的种类很多，根据出血种类的不同，要采用不同的止血方法。具体如下所述。

（一）毛细血管出血

毛细血管出血的症状是，小点状的红色血液从伤口表面渗出来，基本上看不到明显的血管出血。通常这种出血身体是可以自发止血的，所以只需要用酒精和碘酒对伤口周围皮肤进行消毒，然后将消毒纱布和棉垫覆在伤口上缠上绷带即可止血。

（二）静脉出血

毛细血管出血的症状是，暗红色的血液会快速且不间断地从伤口流出来。其止血方法与毛细血管出血类似，不过在缠绷带时要适当增加一些压力。只要静脉出血的情况不严重，上述止血方法就可以实现止血的目的。

（三）动脉出血

动脉出血是比较严重的出血症状，出血颜色鲜红，血液会随着心脏的跳动而呈喷射状涌出。如果是大动脉出血，伤者在几分钟内就会死亡，因此需要送至医院进行紧急抢救。

动脉出血的止血方法主要包括以下几种。

1. 指压止血

指压止血法即用拇指压住出血的血管上方（近心端）将血管压住，从而中止血的流动。这种止血法主要用于身边缺少器材、不能使用止血带等紧急情况下。

2. 加压包扎法止血

加压包扎法止血的具体做法是，在伤口上覆盖无菌敷料，然后将棉花、纱布、毛巾等折叠成相应大小的垫放在无菌敷料上面，再用绷带、三角巾等将它们紧紧包扎在一起，松紧度以停止出血为准。该止血法主要用于小动脉出血（静脉、毛细血管出血也可用此方法），如果伤口内有碎骨片则不能使用该方法进行止血，以免加重伤口损伤的程度。

3. 止血带止血

止血带止血主要用于四肢较大的动脉出血。最好可以使用弹性好且较粗的橡皮管来止血，若是没有这种橡皮管，宽布带也可以应急使用。用止血带止血的具体做法是，先用毛巾或绷带在创口以上的部位进行缠绕，然后拉长橡皮管，将其紧紧缠绕在裹有毛巾或绷带的肢体上并进行打结。如果是上肢受伤出血，止血带要绑在上臂，如果是下肢受伤出血，止血带则要缠在大腿，这样才能达到止血的目的。

需要注意的是，止血带缠绕的松紧度要合适，以血液不再流出为准；缠绕止血带的时间原则上不得超过一个小时，如果确实需要长时间缠绕，那么每隔半小时就要松开止血带大约 30 秒，此时要压住伤口，以防大量出血。

第三章　户外运动的拓展训练理论

户外运动的拓展训练是当前各类公司、学校在发展过程中为了提升员工的工作战斗性和学生学习积极性而经常选择的一种训练方式。本章主要对户外运动的拓展训练进行分析，首先对拓展训练的起源与发展进行介绍；其次对拓展训练的模式与过程展开分析；再次介绍户外运动拓展训练的不同项目；最后对户外运动拓展训练的安全保障进行细致分析。

第一节　拓展训练的起源与发展

一、拓展训练的起源

拓展训练也被称为体验式培训，其源于英文 Outward－bound，表示的是一艘小船在暴风雨来临前离开安全的港湾，驶向波涛汹涌的大海深处，去接受来自大海深处暴风雨的袭击。

在第二次世界大战期间，德国军队的潜艇不断攻击盟军的运输船队，在强烈攻势下，盟军船只翻落，船员纷纷掉入海中，大量船员牺牲。后来根据有关调查，在海难中能够存活下来的人不是那些身强力壮的年轻船员，而是年龄较大的船员。有心理学家和军事专家分析，当有海难来临时，决定一个人能否生存的不是自己的体能，而是一个人的心理素质与意志。年龄较大的船员的生活阅历和处事经验都足够丰富，能够在面临危险时更冷静地分析，并坚定自身信念，找到解决问题的有效方法，赢得生机。与年龄较大的船员相比，年轻的船员虽然体力更胜一筹，但是在他们面临死亡时，会出现意志消沉，生理防线面临崩溃的局面，最后不可避免地走向死亡。

1942 年，德国人库尔特汉恩与其好友劳伦斯豪尔特开办了世界上第一所拓展训练学校，称为阿伯德威海上训练学校，并以 Outward Bound

作为学校的注册商标。阿伯德威海上训练学校既进行一般的体能训练，同时也针对海军的生存能力、作战意志、团队合作能力等展开重点训练，这是拓展训练的雏形。

二、拓展训练的发展

（一）国外拓展训练的发展

在第二次世界大战结束后，阿伯德威海上训练学校的训练功能在现实中受到弱化，但却引起了组织行为学者的重视。这些学者在对阿伯德威海上训练学校的训练模式进行研究后表示，随着社会的不断进步，人们会面临越来越多的压力，这种压力就如同船员掉进海水中一样，会对现实中的人造成威胁，在重压下，现实生活中的人可能就会走向极端。

由此，这些学者创造了一种名为 Outward Bound 的管理培训模式，这种模式就是在改变传统的训练模式基础上，利用户外运动的形式，让参与者在特殊的环境中进行直观的学习，这与普通的灌输式学习不同，参与者是以积极主动的姿态进行学习，在这个过程中进行自我反思。

这种新颖的管理培训模式因具有良好的培训效果，很快就在欧洲的教育培训领域得到了普及。1946 年，Outward Bound 信托基金会在英国成立，主要是推广 Outward Bound 理念，并筹集各方资金创办新的 Outward Bound 学校。

1962 年，美国人乔什·曼纳在美国开办了科罗拉多 Outward Bound 学校。1962 年，该校从 Outward Bound 信托基金会获得许可证书，开始大力推广拓展训练。真正将拓展训练应用于学校教育中，与学校制度进行结合的是美国一所高中的校长皮赫。1974 年，拓展训练实践活动的大纲出台，并被“全美教育普及网络”评为优秀教育大纲。此后，美国的高中课程开始使用拓展训练实践活动的大纲。

在各国拓展训练倡导者的努力下，Outward Bound 学校已经遍及全球五大洲。新加坡是亚洲最早建立 Outward Bound 学校的国家，此后，日本、韩国等先后引入这种体验式教育的课程。当前，这些以拓展训练为主要内容的学校已经形成了一个国际训练组织，总部开设在加拿大渥太华。

（二）国内拓展训练的发展

当国外拓展训练进行的如火如荼的时候，中国在 1995 年才真正迎来拓展训练。在近些年的发展中，拓展训练在我国的知名度不断扩大，中国国民对这种形式训练的接受程度越来越高。当前，有许多企业、学校等也开始将拓展训练作为日常的培训课程。

就当前国内情况而言，拓展训练市场处于稳步发展的阶段。随着我国经济水平的不断提升，各个领域的竞争也会日渐加剧，拓展训练能够以新颖的形式和长久的效果成为各个领域人才提升的重要平台。

中国登山协会从 2004 年左右开始对拓展训练进行大量推广，并针对拓展训练具有的特点，确定了全国比赛项目和竞赛规则，在 2006 年举办了全国第一届拓展运动展示大会。

第二节　拓展训练的模式与过程

拓展训练的模式与过程，对拓展训练效果的发挥具有重要的指导作用。本节将对拓展训练的模式进行分析，并对拓展训练中的三个过程等内容进行讲解。

一、拓展训练的模式

1984 年，美国学者大卫·库伯提出了体验式学习理论，并将该理论总结为一项流程：具体的体验→对体验的反思→形成抽象的概念→行动实验→具体的体验，共五个步骤。据此，在人们的认识规律作用下，拓展训练可被总结为三个方面，分别是活动体验、综合分析、解决问题。相应地，根据这三个方面，可以将拓展训练的模式划分为五个流程，如图 3－1 所示。

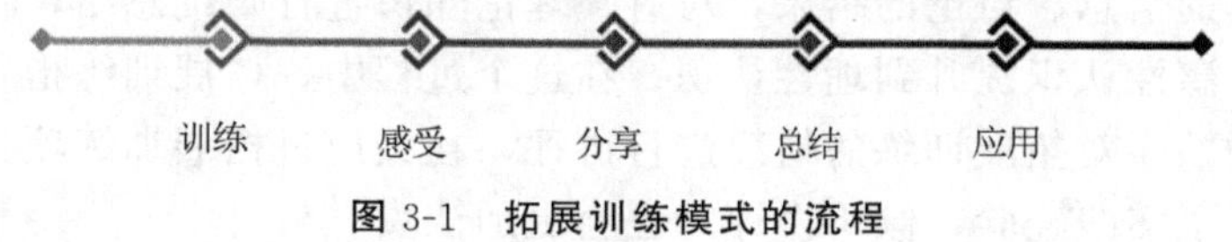

图 3-1　拓展训练模式的流程

（一）训练

在训练中，体验是进行拓展训练的第一步骤。体验教育是拓展训练中的专业术语，同时也是训练活动中最重要的内容。所有训练项目的开展都是受训者在拓展训练指导者的指挥下去感受一种经过模拟的场景，并在其中完成一项任务，观察和表达是完成这项任务的主要方式。受训者在这个过程中获得的初始体验是进行后续活动的基础。从整体角度来看，拓展训练中开展的所有活动都是一种体验型的实践活动，不同的实践活动可以和不同的指导方法相结合。拓展训练机构可以按照受训团体的特点、目标等情况制定合理的训练大纲，也可以按照自己现有的基础设施等情况设计训练大纲。

（二）感受

当受训者身处拓展训练的模拟场景时，能够获得全方位的真实感受。但是，因每位受训者的受教育水平、认识问题的角度等存在差异，会导致每位受训者对活动体验产生不同的看法。这些看法或许在某种意义上可以证明这次拓展训练是成功的或是失败的。但无论是成功还是失败，能够使受训者通过体验获得感受才是最重要的，这也正是拓展训练具有的魅力。值得注意的是，在受训者感受的这个阶段，拓展训练的主角是受训者，拓展训练指导者只需按照预定的规则，控制活动的时间和节奏即可。

（三）分享

分享是拓展训练的第三个步骤，是利用回顾的方式，让受训者之间进行信息交流与看法分享。通过这种方式，能够让受训者获得新的信息，对事物的理解也会上升到更高的阶段。分享的过程也是拓展训练具有的重要魅力之一。在分享时，拓展训练指导者要积极鼓励学员发言，并通过某些提问技巧，引导受训群体的思维向更深层次迈进。

（四）总结

在经过分享的环节后，受训者会对拓展训练产生初步的认识，此时需要受训者对认识进行整合，形成系统的理论。拓展训练指导者需要根据受训者分享的信息、讨论的结果，对有关理论知识进行归纳总结，将受训者的认识从感性认识提升到理性认识。在这个过程中，拓展训练指导者要按照一定的顺序对拓展训练的情况进行讲评，在经历过拓展训练项目的受训者因为有了实践经验，倾听讲评时也会更加认真。

拓展训练指导者的理论讲述水平会对整个训练效果形成直接的影响，即会影响受训者对整个拓展训练的认识。逻辑清晰、认识深入的理论讲述会帮助受训者的认识更加深化，同时也能够使受训者拥有更真实的体验感。

（五）应用

在总结环节结束后，拓展训练还没有真正的结束。拓展训练指导者需要引导受训者将自己在拓展训练中收获的体验和形成的认识应用到实践中，这才是受训者进行训练的主要目的，同时也是拓展训练所具有的延伸价值所在。从本质上看，应用的过程就是完成“认识从实践中来，又用来指导实践”的循环上升过程。具体来说，应用的过程需要受训者在生活和工作中实现。

拓展训练基地和拓展训练指导者要在后期进行回访，了解训练效果，这对后续拓展训练的进行也具有极大的促进作用。

二、拓展训练的过程

（一）拓展训练的前期准备

在进行拓展训练之前，拓展训练的指导者需要进行一定的前期准备，这样才能顺利地开展拓展训练，按照拓展训练的模式进行实际训练。一般来说，拓展训练的前期准备包括以下几个方面。

1. 了解拓展训练对象

来自不同行业、不同领域、不同环境的拓展训练者会呈现出不同的特点，同时不同性别、不同年龄、不同民族的训练者在训练中也会展现出不同的行为。因此，拓展训练的指导者在进行拓展训练之前，需要对拓展训练对象进行了解，训练者了解到的内容与后续课程设计以及课程效果的发挥都会产生密切关系。

与此同时，拓展训练的指导者在对将要训练的群体进行了解时，也要深入群体内部，对群体内部不同职位、不同岗位的训练者进行了解。对拓展训练的专业指导者来说，对将要指导的群体进行了解，分析该群体的特点，制定合适的训练方案，是其首要职责。

2. 制定拓展训练方案

实践需要认识的指导。任何一项拓展训练的开展都需要前期拓展训练方案作基础。具体的拓展训练方案需要拓展训练的指导者根据将要参加拓展训练的群体的特点、要求来制定，并且该方案还要能够提升其群体能力。在制定拓展训练方案时，拓展训练的指导者要注重以下几点。

第一，要以能够提升整个受训团体能力为宗旨，课程项目针对性要强。

第二，当受训群体人数较多时，需要分成多个小组。

第三，主要项目活动安排要合适，场地的使用顺序要合理。

第四，负责拓展训练的指导者要有一定的应变能力，能够根据实际情况合理调整课程内容。

3. 场地布置

场地布置指的是根据活动项目的内容特点，充分利用现有的活动环境，对所需要用到的器材进行合理布置，从而使项目进行更加顺利。具体来说，有些课程用具需要拓展训练的指导者提前检查布置好，不能在受训群体已经到达拓展训练场地后，再进行查验，这样会影响拓展训练的效果。同时，对于某些道具的选择，也需要拓展训练的指导者精心准备，例如在“鸡蛋保卫战”训练中，训练要求鸡蛋是生的，因为这样在鸡蛋被打破的一瞬间，受训者内心的挫折感与失败感才会更加强烈，若用熟鸡蛋进行代替，则不能达到这种效果。这说明，若拓展训练的指导者随意更换拓展训练工具就有可能对拓展训练课程的效果造成负面影响。

4. 设计班前会与晨练

（1）班前会

班前会指的是拓展训练的指导者在进行拓展训练项目之前召开的准备会议。具体来说，班前会的设计需要围绕以下三个方面展开。

第一，拓展训练的负责人要将受训组织的基本情况、培训需求等与拓展训练的指导者进行提前沟通，使拓展训练的指导者明确训练项目的任务和目标。

第二，拓展训练的指导者要按照受训学员的情况，做好任务的分配工作。

第三，拓展训练的负责人要明确提出工作要求，保证拓展训练的指导者能够按照职业规范开展训练。

（2）晨练

一般来说，晨练包括两个阶段：一是充分活动身体的阶段；二是游戏或竞赛活动的阶段。晨练的设计要参考以下几个方面的内容。

第一，拓展训练的指导者要保证受训者进行充分的身体活动，并在此基础上进行一些团队建设的游戏与活动。

第二，要选择能够使全体成员都参与的活动，最好不要出现一部分人在活动，另一部分人观看的情况。

第三，晨练的强度要适中，晨练不是体能训练，不能使受训者产生疲劳感，否则会对后续正常的拓展训练产生影响。

第四，当晨练地点选择在野外或是拓展训练的指导者也不熟悉的地方时，拓展训练基地要配备相应数量的培训师共同参与到训练中。

（二）拓展训练的热身活动

在进行好拓展训练的前期准备后，拓展训练就可以进入第二个环节，即拓展训练的热身活动。热身也被称为破冰（Ice break）。现代培训理论认为，培训老师与受训者进行第一次接触时，会存在陌生感，双方就如同两块冰块，若在此时立刻开始培训，双方的不了解会对培训效果造成影响。因此，需要通过特别的活动或游戏来消解双方存在的陌生与怀疑，之后再进行正式的培训。

1. 热身活动的主要事项

作为户外拓展培训的热身活动，其目的在于消除受训者之间的陌生感，活跃现场气氛，使学员能够更好地适应户外拓展训练的方式，从而对接下来的拓展训练做好心理准备。

在热身活动开始之前，拓展训练指导者需要将学员分成人数相等的小组，并安排每个小组进行自我介绍。同时，拓展训练指导者需要向受训者介绍拓展训练的目的、方式、时间安排等，并重点对将要开始的热身游戏规则进行讲解。具体来说，热身活动需要确定以下内容，如图 3－2 所示。

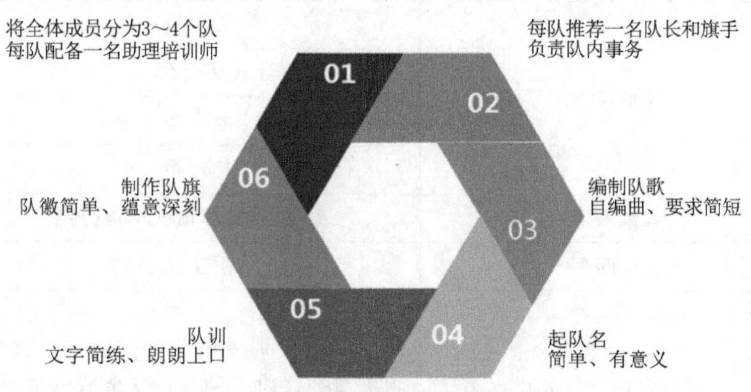

图 3-2 热身活动需要确定的内容

2. 热身活动的意义

热身活动的意义主要体现在以下几个方面。

第一，热身活动能够让受训者更全面、更清楚地了解拓展训练的方式。

第二，热身活动能够有效调动受训者的积极性。

第三，热身活动能够使受训团队的负责人更了解自己的团队成员。

第四，热身活动能够使受训者收获更加立体的感受。

（三）拓展训练的挑战过程

下面以拓展训练中较为经典的“信任背摔”项目为例，介绍拓展训练的具体挑战过程。

1. 项目介绍

拓展训练指导者需要先向受训者介绍“信任背摔”项目的基本情况，确保每位受训者都能够清楚项目的内容，为后续项目的顺利完成奠定基础。同时，指导者还要给受训者一定时间，让其做好生理和心理上的准备。“信任背摔”项目的基本情况如表3－1所示。

表3－1　“信任背摔”项目的基本情况

	主要内容
项目名称	信任背摔
项目类别	场地项目
场地器材	绑手带一条
	背摔台（高度在1.5～1.6米）
	海绵垫一个
	整理箱一个
人数要求	根据实际情况均衡分组
活动时间	每组10分钟
项目目标（任务）	组内一名受训者站到背摔台上，背朝后，根据口令，向下倒去；其余队内成员需要站在背摔台下合力接住倒下的队员

培训目标	培养受训团体的内部信任感
	提升受训者的心理承受能力
	培养受训团体的团队责任感
	培养受训者换位思考的意识

2. 个人挑战部分

对于站在背摔台上的受训者来说，其需要按照以下四点进行“信任背摔”项目的拓展挑战。

第一，调整好自己的心态，在队友的鼓励下，站立到背摔台的安全区域内。

第二，双臂前举，两手外翻，十指交叉相扣内旋后，靠向自己的身体，由培训师绑上摔绳。

第三，在培训师的引导下站到背摔台准备位置，脚后跟超出台面一定的距离，两脚并拢，脚尖相靠，膝关节保持紧张，大臀肌收紧，下巴微收，稍含胸。

第四，调整好呼吸后，向下方队友喊出“准备好了吗”，在听到队友回答“准备好了”后，喊出“1、2、3”，话音落后身体笔直向后倒。

3. 集体接人部分

站在背摔台下的队内其他队员需要按照以下几点完成“信任背摔”项目的拓展挑战。

第一，根据身高体重，两两一排，面对面站立，伸出右脚成前弓步，两人膝关节内侧相触，保持中心稳定。

第二，双臂前举与肩同高，双手放在队友的右肩，掌心与肘窝均呈向上姿态，手指伸直，手臂进入用力状态。

第三，抬头紧盯背摔台上队友的背，在其倒下时，用力将其接住。

第四，当所有人都接住队友后，共同慢慢放下，待队友站稳后，方可松手，在解开绳后换另一位队友进行下次背摔。

第三节　户外运动拓展训练的项目

户外运动拓展训练是以具体的项目为依托而开展的，本节将重点对户外运动拓展训练项目中的高空项目、中低空项目、地面与心智项目、户外项目、综合项目进行讲解。

一、高空项目

（一）高空断桥

高空断桥是以一位受训者为主体开展的拓展训练项目，在高空项目中属于心理冲击类别的项目，整个项目过程需要受训者独自完成。下面将具体讲解高空断桥项目的训练情况。

1. 场地器材

高空断桥项目需要用到的场地器材如表3—2所示。

表3—2　高空断桥项目所需场地器材概览

所需场地器材	数量
组合训练架或专项训练架（高度为7～12米）	1个
直径10.5毫米的动力绳	2条
D形锁或O形锁	4把
上升器	2把
坐式安全带	3条
安全帽	3顶
应急扁带	1条
雨天大毛巾	1块
足球护腿板	2副

2. 训练目的

高空断桥的训练目的包括以下几点。

第一，帮助训练者克服恐惧，培养其敢于面对困难的人生态度。

第二，帮助训练者掌握认识自我、挑战自我的方法。

第三，帮助训练者进行自我激励与自我说服，并使训练者认识到鼓励他人与获得鼓励的重要意义。

第四，培养训练者的团队意识与互助精神。

3. 训练过程

具体的训练过程包括以下几点。

第一，所有受训者都要学会头盔、安全带、止坠器、主锁的使用方式，并掌握护腿板的使用方式。

第二，接受训练的受训者在穿好安全装备并接受其他队员的鼓励后，沿高柱爬上断桥桥面，在连接好保护装备后，走到桥板的初始位置，两臂侧平举，并大声向队友喊出"准备好了吗"，当听到"准备好了"后，自己大声喊出"1、2、3"，喊完以后跨步到桥板的另一端。值得注意的是，受训者需要单脚起跳，并单脚落地。

第三，受训者在桥面上不能助跑，跳跃中双手不触碰保护绳。在完成训练项目后，换好保护装备，沿高柱爬下。

第四，在稍做休息后，解开安全带，并帮助下一位队友穿好安全装备进行挑战。

4. 项目控制

拓展训练指导者需要对高空项目进行一定的控制，这主要体现在以下几个方面。

第一，在进行项目介绍时，要找受训者参与进来，边讲解边演示，语言朴实，表达清晰，重点突出，关键要点不可遗漏，可以按照时间顺序或空间顺序进行讲解。

第二，在原则上，拓展训练指导者要鼓励所有的受训者都参与到挑战中，但是对于因某些特殊情况确实无法参与的受训者，拓展训练指导者也要给予其适当的安慰。

第三，桥面的间距要根据实际情况合理调整，不能过大或过小。

第四，拓展训练指导者需要找寻合适的时机进行心理疏导，帮助受训者完成训练任务。

第五，拓展训练的开展一定要以安全为首要原则，但出现安全性和挑战性相冲突的情况时，要选择安全性，不能一味地为了寻求挑战而放弃安全。

第六，当受训者遇到难以克服的心理障碍时，拓展训练指导者要对其进行心理疏导，同时也要让其队友参与到鼓励中来，这样能够让受训者更有信心完成挑战。

5. 回顾总结

在结束高空挑战后，拓展训练指导者需要对所有完成挑战任务的受训者进行鼓励。同时，邀请顺利完成任务的受训者发表自己的感想，分享自己的心路历程。在受训者分享完毕后，拓展训练指导者要对受训者未提到的地方进行补充，指出这次活动的重要意义，并鼓励受训者在回到现实工作及生活中后，也要像这次挑战一样勇于面对生活中的困难。

（二）空中单杠

空中单杠是以一位受训者为主体开展的拓展训练项目，在高空项目中属于心理冲击类别的跳跃类项目，整个项目过程需要受训者独自完成。下面将具体讲解空中单杠项目的训练情况。

1. 场地器材

空中单杠项目中需要用到的场地器材如表 3－3 所示。

表 3－3　空中单杠项目所需场地器材概览

所需场地器材	数量
能够开展活动的场地	1 块
海绵垫	无数块
专项训练架（高度为 8～12 米）	1 架
25 米长、直径为 10.5 毫米的动力绳	2 根
丝扣铁索	4 把
钢索	4 把
绳套	2 条
手套	4 双
8 字环	2 个
安全头盔	2 顶
全身式安全带	2 套
半身式安全带	2 套

2. 训练目的

空中单杠的训练目的包括以下几点。

第一，帮助受训者克服内心的恐惧，树立敢于挑战的信心，激发挑战者的内在潜能。

第二，使受训者能够以更加积极的心态去争取自身的发展机会。

第三，增强团队精神，在团队内建立有爱的互助关系。

第四，帮助受训者学会目标管理与自我说服。

3. 训练过程

具体的训练过程包括以下几点。

第一，所有受训者都要了解并学会安全带的使用方式。

第二，所有受训者学习“五步收绳保护法”，并进行保护演示。

第三，受训者穿戴好设备，在队友的鼓励下开始训练。从地面通过立柱扶手爬到顶端，站到立柱顶端的圆台上。在站稳后，受训者双手侧平举，并大声向队友喊出“准备好了吗”，当队友回答“准备好了”之后，受训者大声喊出“1、2、3”，喊完后用力跃出，双手虎口处抓向单杠，在完成任务后松开双手，由保护绳保护回到地面。

4. 项目控制

拓展训练指导者需要对高空项目进行一定的控制，这主要体现在以下几个方面。

第一，在进行项目训练讲解之前，拓展训练指挥者需要邀请受训者参与到演示中，边演示边讲解，重点要突出。

第二，在原则上，拓展训练指导者要鼓励所有的受训者都参与到挑战中，但是对于因某些特殊情况确实无法参与的受训者，拓展训练指导者也要给予其适当的安慰。

第三，“空中单杠”的距离需要根据学生的身体特点进行适当的调整。

第四，项目开展程度要视现实情况进行合理调整，对于因某些特殊情况确实无法参与的受训者，拓展训练指导者也要给予其适当的安慰。

第五，拓展训练指导者要合理设置保护点，确定好保护点的位置，保证受训者的人身安全。

第六，拓展训练指导者要密切关注受训者使用器械的情况。

5. 回顾总结

在空中单杠项目结束后，拓展训练指导者要对所有完成任务的受训者进行鼓励，并邀请愿意分享感受的受训者谈谈自己的感悟。在受训者谈完感受后，拓展训练指导者要及时进行补充，对拓展训练的过程进行总结。

二、中低空项目

（一）孤岛求生

孤岛求生是拓展训练中较为有代表性的中低空项目之一，能够使参与者通过简单的活动，感受到深刻的内涵。下面将对孤岛求生项目进行分析。

1. 场地器材

孤岛求生项目中需要用到的场地器材如表 3－4 所示。

表 3－4　孤岛求生项目所需场地器材概览

所需场地器材	数量
60 厘米×60 厘米×25 厘米木质方箱	12 个
25 厘米×25 厘米木质方箱	1 个
木板	2 块
塑料桶	1 个
羽毛球	5 个
任务书	1 套（包括 3 个岛）
白纸	2 张
生鸡蛋	2 个
筷子	2 双
50 厘米长的透明胶带	1 段
水笔	1 支
眼罩	若干（具体视参与者人数而定）

2. 训练目的

孤岛求生训练项目的目的包括以下三点。

第一，能够使不同层级、部门之间的人员进行有效沟通。

第二，使受训者打破定式思维。

第三，培养受训者的创新与风险意识。

第四，培养团队之间的信任与合作。

3. 训练过程

拓展训练指导者先将所有队员随机分为 3 组，3 组分别带往“哑人岛”“珍珠岛”“盲人岛”。其中，处于哑人岛的受训者不允许发出任何的声音，否则就会被取消游戏资格；盲人岛的受训者则需要戴上眼罩。

拓展训练指导者将珍珠岛的任务书、鸡蛋、笔、纸、筷子、胶带等发给处于珍珠岛上与其他岛距离最远的一名受训者；将哑人岛任务书交给哑人岛的任意一位受训者；将盲人岛的任务书交给盲人岛的任意一位受训者，并将羽毛球发给不同的受训者。

三个岛的不同游戏规则如下所述。

哑人岛：主要任务是帮助盲人岛的受训者走出盲人岛，并将所有人集中到一个地方；可以利用的资源是木板，木板的作用是能够将三个岛连接起来；受训者在盲人岛上完成第一项任务之前，哑人岛上的受训者不可使用木板，且不可说话。

盲人岛：主要任务是将羽毛球投入桶中；可以利用的资源是羽毛球；要求不能摘掉眼罩。

珍珠岛：利用现有资源为鸡蛋设计外包装，要求是手持包装好的鸡蛋，松手，鸡蛋落地不碎。

4. 项目控制

拓展训练指导者需要对孤岛求生项目进行一定的控制，这主要体现在以下几个方面。

第一，参与整个项目的受训者人数不得少于 8 人。

第二，若团队中已经有人做过这个项目，拓展训练指导者要将其安排为观察员或记录员。

第三，要将男女搭配安排，每组的力量尽量平均。

第四，发现有受训者违反规则，要及时制止。

第五，在项目结束后，要将所有的设备归位。

5. 回顾总结

将相同岛上的受训者安排在同一地点围坐，邀请他们谈谈自己的感受，让同组之间的受训者相互交换意见，拓展训练指导者不能在一开始就进行总结，而要在所有人都发表过意见后再进行总结。同时，拓展训练指导者要引导受训者分析三个岛分别代表实际工作中的哪个领导层级，并就某个争议问题进行针对性的解读。

（二）越障

越障项目也是一个需要团队合作完成的挑战项目，需要受训者拥有较强的动手能力与判断能力，同时也要具有服从与奉献精神。下面将对越障项目进行简要分析。

1. 场地器材

越障项目中需要用到的场地器材如表3—5所示。

表3—5　越障项目所需场地器材概览表

所需场地器材	数量
自然地面	1块
高2.5米、宽6米的绳编大网	1张
长4米、直径10厘米的长竹竿	3根
长2米、直径6厘米的短竹竿	1根
6米长绳	1条
2.5米短绳	3根
手套	14副

2. 训练目的

越障项目的训练目的主要包括以下几点。

第一，培养受训团队的决策能力与执行能力。

第二，帮助受训者提升学习能力。

第三，提升受训团队的协作能力和培养团队成员之间的默契度。

3. 训练过程

越障项目的训练过程主要包括以下几个步骤。

第一，在项目开始前要让所有受训者将自己身上的所有无用物品、多余的硬物取下，然后进行热身活动。

第二，在一定的时间内试用现有的器材。当受训者开始绑竹竿时，拓展训练指导者要给予一定的指导。

第三，受训者在越过障碍后，双手抓竹竿，脚要自然下垂后落地。

第四，受训者在爬到训练项目的顶端时，培训人员要跟随保护。

4．项目控制

拓展训练指导者需要对越障项目进行一定的控制，这主要体现在以下几个方面。

第一，保证器材的安全性，确认竹竿是否出现裂痕、绳子是否足够结实。

第二，开始项目之前要对参与训练成员的体型特征等进行确认，对可能影响项目完成的不利因素进行及时排除。

第三，给受训者相应的鼓励，提醒其不要过于急躁。

第四，对受训者出现的违反安全规则的行为要进行及时制止。

第五，把控好时间，对受训者项目过程中暴露出的问题要及时记录，方便在后续回顾时提出。

5．回顾总结

在越障项目结束后，拓展训练指导者要对每位参与项目的训练者进行赞扬，并邀请受训者对已经完成的任务进行回顾，拓展训练指导者进行简单点评。此外，拓展训练指导者还要指出队长在这个项目中的作用，并引导受训者通过越障项目领悟到自己在实际工作中、学习中应承担的角色。

（三）高台演讲

高台演讲项目是受训者站在设定的高台上，面对台下众多的观众，根据既定的题目，在规定的时间内进行演讲，锻炼自己在特殊情景下的逻辑思维与语言表达能力。下面将对高台演讲这个项目进行简要分析。

1．场地器材

高台演讲项目中需要用到的器材如表 3－6 所示。

表 3－6　高台演讲项目所需场地器材概览表

所需场地器材	数量
自然地面	1 块
不低于 2 米的高台	1 个
话筒	1～2 个
秒表	1 块
水笔	若干
记录本	若干

2. 训练目的

高台演讲项目的训练目的包括以下几点。

第一，增强受训者在公众面前的语言表达能力。

第二，提升受训者对时间的把控能力。

第三，提升受训者对信息的掌握和分析能力。

第四，锻炼受训者的学习与倾听能力。

3. 训练过程

高台演讲项目的训练过程如下所述。

第一，拓展训练指导者向受训者介绍高台演讲的基本规则。

第二，受训者从站上高台就开始计时，时间为 3 分钟，3 分钟一到，就立刻停止自己的演讲。

第三，主要演讲内容围绕过去、现在、将来展开。

第四，若受训者已经讲完既定的演讲主题，而时间未到，则仍需留在台上，此时可以讲一些别的话题。

4. 项目控制

拓展训练指导者需要对高台演讲项目进行一定的控制，这主要体现在以下几个方面。

第一，用精练的语言向受训者传达高台演讲的主要任务。

第二，要对安全意识进行反复强调，确保每一位受训者的安全。

第三，要提醒受训者站在台上讲真话。

第四，严格把控时间，做好前后上台受训者的安排工作。

第五，要安排一名记录员，对所有受训者的演讲内容进行记录。

5. 回顾总结

拓展训练指导者在高台演讲项目结束后，对受训者敢于站上高台的行为进行肯定、对敢于大声表达自己的受训者提出表扬。同时，拓展训练指导者还要引导受训者思考，在巨大的压力下，自己的语言表达能力与逻辑思维能力是否受到了影响。此外，还可根据现实高台演讲情况，邀请几位在项目中表现较为突出的受训者进行分享。

三、地面与心智项目

（一）击鼓颠球

击鼓颠球也被称为鼓上飞球，是一种团队挑战项目，考验的是团队成员的协作能力。下面将对击鼓颠球进行简要分析。

1. 场地器材

击鼓颠球项目中需要用到的场地器材如表 3－7 所示。

表 3－7　击鼓颠球项目所需场地器材概览

所需场地器材	数量
平整的空旷场地	1 块
拴有 14 根绳子的大鼓	1 面
排球或其他同类球	1 个

2. 训练目的

击鼓颠球项目的训练目的主要包括以下几点。

第一，培养受训者取长补短、团队协作能力。

第二，培养受训者不断进取、不畏艰难的意识。

第三，使受训者深刻领悟到团队激励对任务实现的作用。

3. 训练过程

击鼓颠球的训练过程如下所述。

第一，拓展训练指导者向受训者讲解击鼓颠球的基本方法，向受训者明确最终的目标。

第二，每位受训者都拉住一根拴在鼓上的绳子，若受训者人数超过可拉绳子数量，可以进行人员轮换；若受训者人数少于可拉绳子数量，则可让一位受训者拉两根绳子。

第三，颠球开始时，受训者只能握着绳头 30 厘米以内的地方。

第四，颠球开始后，鼓不能落地。

第五，球被颠的高度要不低于 20 厘米，否则该次颠球不算入总数。

第六，在颠球的过程中要注意安全，拓展训练指导者要时刻注意受训者动向，一旦出现危险情况，要及时叫停。

4. 项目控制

拓展训练指导者需要对击鼓颠球项目进行一定的控制，这主要体现在以下几个方面。

第一，在向受训者讲解项目规则时要重点突出，保证每位受训者都清楚基本的任务要求。

第二，明确受训者人数和鼓绳数量，做好分配工作。

第三，当受训者出现失败情况时，拓展训练指导者要及时进行鼓励，防止受训者爆发负面情绪。

第四，把握好时机，对参与颠球的受训者进行及时鼓励。

5. 回顾总结

在击鼓颠球项目结束时，拓展训练指导者要邀请部分受训者谈一谈自己的感想，引导受训者向更深处的方面进行思考。同时，拓展训练指导者要明确指出击鼓颠球项目失败者的失败原因，并对其进行真诚鼓励；要对在击鼓颠球项目中获得优胜的小组进行奖励，并倡导其他受训者向其学习。

（二）盲人方阵

盲人方阵项目也被称为黑夜协作项目，是需要团队共同参与的挑战项目。下面将对盲人方阵项目进行简要分析。

1. 场地器材

盲人方阵项目中需要用到的场地器材如表 3－8 所示。

表 3－8　盲人方阵项目所需场地器材概览表

所需场地器材	数量
25 米×25 米的平整空旷场地	1 块
3 米长的绳子	1 条
5 米长的绳子	1 条
15 米长的绳子	1 条
眼罩	若干（要多于受训者人数）

2. 训练目的

盲人方阵项目的训练目的主要包括以下几点。

第一，培养受训者的团队意识与沟通意识，提升受训者的沟通能力。

第二，使受训者能够在特殊情景下快速找到合作方式。

第三，使受训者明白一个组织中的领导风格对组织任务完成的影响。

第四，培养受训者科学的思维方式。

第五，使受训者找到正确的角色定位。

3. 训练过程

盲人方阵的训练过程如下所述。

第一，拓展训练指导者向受训者介绍盲人方阵的规则，保证受训者知道接下来的每一个步骤。

第二，所有受训者在项目开始前都要佩戴眼罩。

第三，受训者站立的附近有一堆绳子，受训者需要找到这些绳子并用其围出一个最大的正方形。在完成后，受训者需要均匀地站在正方形的四条边上。

第四，任何人在活动中都不能摘眼罩，并且戴上眼罩后要将双手放在身前，不能背手行走。

第五，当受训者确定自己已经完成任务后，要将绳子踩在脚下，并通知拓展训练指导者，得到允许后，方可摘下眼罩。

4. 项目控制

拓展训练指导者需要对盲人方阵项目进行一定的控制，这主要体现在以下几个方面。

第一，拓展训练指导者在向受训者讲解任务时，要逻辑清晰、讲解清楚。

第二，拓展训练指导者要时刻关注受训者的动态，避免出现危险情况。

第三，拓展训练指导者可以适当降低受训者找绳的难度，将绳子放在较为好找的区域。

5. 回顾总结

拓展训练指导者要对完成任务的受训者给予肯定，同时邀请受训者发表自己的项目感言。盲人方阵游戏能够使受训者在完全陌生的情况下，按照要求完成任务，这与受训者在现实情况下需要面临各种未知的困难有相似之处。此外，这个项目需要团队的配合才能又快又好地完成任务，每个成员都是项目完成过程中不可缺少的要素，团队需要密切配合，每位成员都要找到自己的定位。

四、户外项目

（一）扎筏

扎筏也称为扎筏泅渡，是一个需要团队合作完成的协作型项目。下面将对扎筏项目进行简要分析。

1. 场地器材

扎筏项目中需要用到的场地器材如表 3—9 所示。

表 3—9　扎筏项目所需场地器材概览

所需场地器材	数量
足够宽广的自然水面	1 片
高 80 厘米、直径为 50 厘米的大塑料圆桶	6 个
长 2 米、直径 10 厘米的毛竹	4 根
长 4 米、直径 6 厘米的毛竹	5 根
0.5～1 厘米粗、6 米长的绳子	6 根
2.5 米左右短绳	8 根
船桨	6 把
救生衣	若干
救生圈	若干
绳索	若干
浮板	若干

2. 训练目的

扎筏项目的训练目的主要包括以下几点。

第一，增强受训团队的决策能力与团队成员的动手能力。

第二，增强受训成员的学习兴趣与团队合作能力。

第三，帮助受训成员正确理解工作过程中的安全性、实用性、经济性。

3. 训练过程

扎筏项目的训练过程如下所述。

第一，拓展训练指导者向参与扎筏项目的受训者介绍项目规则。

第二，受训者要在一个半小时内用现有的材料，搭建出一个能够容纳组内所有成员的竹筏。

第三，团队成员需乘坐竹筏到达指定地点取得任务书后，返回起点上交任务书，完成任务。

第四，竹筏的质量和完成任务的时间是主要的评估指标。

第五，在活动开始之前，所有受训者都要按照规定穿好救生衣。

第六，严禁在竹筏上跑跳。

4. 项目控制

拓展训练指导者需要对扎筏项目进行一定的控制，这主要体现在以下几个方面。

第一，对受训者的基本身体情况有所了解，统计好会游泳的人数，并以此为依据安排适当数量的救生员。

第二，拓展训练指导者要全程跟随，密切关注受训者的任务完成情况，当遇到突发问题时，要及时暂停项目。

第三，在出发之前和返回之后都要对人数进行清点。

第四，保证每位受训者都了解基本的项目规则和程序。

第五，要反复强调团队合作的重要性，对在项目完成过程中处于落后阶段的团队进行积极的鼓励。

5. 回顾总结

拓展训练指导者在扎筏项目结束后，要带领受训者进行回顾总结，具体包括以下几个方面。

第一，拓展训练指导者邀请每位受训者对本次项目过程进行回顾，并进行相应的评价。

第二，受训团队的队长需要对本队的活动进行总结，并指出经验和教训。

第三，各个受训者要对自己的表现进行评价，也可对他人的表现进行评价。

第四，拓展训练指导者要对表现优异的学员提出表扬。

（二）抽板过河

抽板过河是一项需要受训者在真实情景下完成的项目，在一片水域中有一座无法触地的绳桥，需要受训者利用木板通过水域，该项目考察的是团队协作能力与沟通能力。

1. 场地器材

抽板过河项目中需要用到的场地器材如表 3—10 所示。

表 3—10　数字传递项目所需场地器材概览表

所需场地器材	数量
开阔性的室外水域场地（水深不超过 0.5 米）	1 片
钢索（2 米）	2 条
绳兜	视桥长而定 （保证每隔 2 米就有 1 个）
经过打磨的木板	2 个
手套	若干

2. 训练目的

抽板过河项目的训练目的主要包括以下几点。

第一，培养受训者能够积极参与合作的意识。

第二，增强受训者能够合理利用资源、分析资源的能力。

第三，使受训者认识到分工合作与服从组织安排的重要性。

第四，使受训团队掌握科学决策方法，形成严谨的工作作风。

第五，使受训者明白节约时间的意义与价值。

3. 训练过程

抽板过河项目的训练过程如下所述。

第一，拓展训练指导者先向受训者讲解抽板过河项目的基本规则。

第二，整个团队利用两块木板，保证所有受训者都能够到达水域的另一端。

第三，在整个训练过程中，受训者不能抓扶桥上的绳索。

第四，在过河时，所有人都不能离开木板，否则就要返回起点重新开始。

第五，每次过河的人数不限，木板不能掉到水中。

第六，限时 40 分钟，最终成绩以过河人数计算。

4. 项目控制

拓展训练指导者需要对抽板过河项目进行一定的控制，这主要体现在以下几个方面。

第一，拓展训练指导者首先要对水域的安全性进行检查，确认各项活动器械是否牢固。

第二，所有受训者都要将身上携带的硬质物品放到安全地方。

第三，项目开始之前，拓展训练指导者要确认每位受训者的身体健康情况，有身体不适的，可以不参加训练。

第四，拓展训练指导者要向受训者详细讲解每个步骤的动作要领。

第五，拓展训练指导者要密切关注受训者的生命安全，一旦出现危险行为，立刻停止训练项目。

5. 回顾总结

在抽板过河项目结束后，拓展训练指导者要邀请参与者分享自己的感受，并对在项目中表现尤为突出的受训者提出表扬。同时，拓展训练指导者还要引导受训者思考以下几个问题：①当面对没有路可走的桥时，你的第一感觉是什么；②在面对困难时，你的内心还有多少信心；③在面对困难时，你觉得能够利用的资源有哪些。

通过引导受训者对以上问题进行思考，可以帮助受训者提升对信息的运用能力和整合能力，并增强受训者在面对实际生活困难时的信心。

五、综合项目

（一）数字传递

数字传递也称为驿站传书，考验的是团队成员的沟通合作能力。下面将对数字传递项目进行简要分析。

1. 场地器材

数字传递项目中需要用到的场地器材如表 3—11 所示。

表 3－11 数字传递项目所需场地器材概览表

所需场地器材	数量
开阔的场地	1片
白纸	若干
笔	若干
秒表	2个

2. 训练目的

数字传递项目的训练目的包括以下几点。

第一，增强受训者的沟通能力和对信息的接受能力。

第二，培养受训者的学习能力和积极参与活动的态度。

第三，使受训者感受到合作的重要性。

3. 训练过程

数字传递项目的训练过程如下所述。

第一，拓展训练指导者要将数字传递项目的规则向受训者介绍清楚。

第二，拓展训练者将受训者划分为数量均等的小组。

第三，每个小组都排成一列纵队，各个队伍之间保持一定的距离，处于队伍末尾的受训者将会获得本队需要传递的数字。

第四，当听到拓展训练指导者发出开始的信号后，每个队伍队尾的受训者将自己得到的数字，通过肢体语言传递给前面的受训者，依次向前，直到队伍的第一位受训者接到数字信号，并将数字写在指定的纸上。

第五，在整个传递的过程中，任何人都不能发出声音，只能依靠自己的肢体语言进行传递。

第六，比赛共进行三局，每局限时 5 分钟，传递最快且正确率最高的队伍获得最终的胜利。

4. 项目控制

拓展训练指导者需要对数字传递项目进行一定的控制，这主要体现在以下几个方面。

第一，该项目不能在太热的时间进行，否则容易中暑。

第二，受训者在传递数字的过程中，不能做幅度过大、过于危险的动作。

第三，拓展训练指导者要将该项目的规则介绍清楚，确保每位受训者都能了解任务的要求。

第四，队形的排列要整齐，方便拓展训练指导者进行观察。

第五，每局的第一个传递者要进行轮换，这样更能打破队伍的传递规律，提高受训者的应变能力。

5. 回顾总结

在数字传递项目结束后，拓展训练指导者邀请各个受训者对自己队伍的表现进行评价。同时，拓展训练指导者要提出以下几个问题：①在遇到障碍时，团队应如何解决；②怎样提升沟通的效率；③沟通的过程是相互的吗？是否得到了及时反馈。在引导受训者对上述问题进行思考、表达的同时，拓展训练指导者也要明确本次拓展项目的中心意义，为受训者提供更专业的行为与心理指导，从而更好地展现此次拓展训练的成果。

（二）信任之路

信任之路是综合了个人挑战和团队挑战的项目，具体分析如下。

1. 场地器材

信任之路项目中需要用到的场地器材如表 3－12 所示。

表 3－12 信任之路项目所需场地器材概览表

所需场地器材	数量
开阔性的场地	1块
各种需要跨、绕、钻的障碍	若干
眼罩	若干
白纸	若干

2. 训练目的

信任之路项目的训练目的主要包括以下几点。

第一，培养受训者的沟通协调能力，帮助受训者掌握一定的沟通技巧。

第二，使受训者感受到团队之间的帮助与关爱。

第三，使受训者体验到信任的重要性。

3. 训练过程

信任之路项目的训练过程如下所述。

第一，拓展训练指导者向受训者介绍项目的主要规则。

第二，所有受训者均为已经失去视力的盲人，需要依靠共同努力走过一段路。

第三，拓展训练指导者选择一名受训者作为引导员，一名受训者作为安全记录员，其余受训者全部戴上眼罩。

第四，在戴上眼罩后，全体受训者不能发出任何声音，每人将获得一张白纸，需要利用手中的白纸，在 1 分钟之内折叠出一件能够代表自己的手工作品，这个过程需要安全记录员监督。完成作品的受训者可以摘下眼罩，接下来做项目过程中的中间引导者。

第五，拓展训练指导者带领引导员开始探路工作。

第六，全体受训者依次前行，在引导员的指挥下通过每个障碍。

第七，整个过程中，受训者不得摘下眼罩。

4. 项目控制

拓展训练指导者需要对信任之旅项目进行一定的控制，这主要体现在以下几个方面。

第一，要详细向受训者介绍项目规则，不得遗漏要点，保证每位受训者都明白任务要求。

第二，要选择认真、负责的受训者担任引导员、安全员的角色。

第三，整个挑战路段的长度要在 300～400 米，路障设置 7～9 个，要难易结合，不能过于简单也不能过于困难。

第四，当队伍遇到困难时，拓展训练指导者要及时给予鼓励。

第五，整个项目进行的过程中，拓展训练指导者只有在出现危险情况时，才能给予队伍技术指导，其余时间队伍的前进均依靠引导员的指挥。

5. 回顾总结

拓展训练指导者要给予完成任务的受训者相应的鼓励，同时邀请每位受训者分享自己的体验感受，并积极引导每位受训者思考以下问题：①在整个项目完成的过程中，队伍是怎样沟通的；②信息的接收和处理是怎么进行的；③信任引导员的重要作用体现在哪里；④在项目结束时，对“责任”一词产生了怎样的认识。受训者通过对上述问题进行分析思考，更能领悟到团队信任对团队成功的重要意义，同时也要明白“责任”对个人成功的意义。

第四节　户外运动拓展训练的安全保障

作为一项在户外开展的项目，拓展训练中会遇到很多突发问题，有些问题会对参与者的安全造成威胁。因此，做好户外运动拓展训练的安全保障是拓展训练中需要重点关注的内容。本节将重点对拓展训练中安全保障的意义、安全原则、安全保障内容、安全装备认证情况进行分析，并以高校拓展训练为例，对拓展训练中安全保障体系的构建展开讲解。

一、拓展训练中安全保障的重要意义

对于大多数人来说，在日常生活中很难有机会接触到拓展训练。一般参与拓展训练的都是初次接触，在直面拓展训练项目的高挑战性后，多数人会在未知恐惧的重压下，对拓展训练项目的安全性产生怀疑，即使拓展训练组织方对项目安全性做出过明确保证，但是这种担忧还是会存在于整个拓展训练过程。但不可否认的是，即使安全性再高的拓展训练项目在遇到具有不可预知性的行为时，也会发生意外。

因此，做好拓展训练的安全保障具有重要意义。首先，安全性良好的拓展训练项目能够使参与者全身心地投入训练中，这会极大提升拓展训练的实效性。其次，做好安全保障能够使参与者在遇到突发状况时，迅速找到解决问题的办法，从而最大程度降低危险发生的可能性。最后，良好的安全保障能够为拓展训练组织方吸引更多的参与者，这有助于扩大拓展训练的知名度。

二、拓展训练中安全保障的原则

拓展训练中安全保障的设置需要遵循一定的原则，具体来说包括以下几点。

（一）备份原则

在拓展训练中使用的所有器械，都要设置备份器械。例如，跳跃冲击性项目需要至少两套独立的绳索与主锁保护；除空中单杠的保护作用外，拓展训练组织方还要在单杠的前方与后方各设置一个保护点，保证有两条

独立的保护绳能够链接一个主锁。

此外，在保护手法上，拓展训练的组织方也要做到两手准备，保证受训者的生命安全。例如，在进行信任背摔时，在每个环节上都要做到双重保护，当受训者站在背摔台上时，拓展训练指导者要将其带至正确位置，并绑好背摔绳。同时，拓展训练指导者要再三确认受训者的倒地方向，保证下方队员能够顺利接到受训者。

（二）行为原则

拓展训练指导者需要对项目的实施过程进行全程监控，不放过任何一个可能出现隐患的死角。例如，在进行求生墙逃生时，拓展训练指导者需要与安全监护人员一起全神贯注地监护整个过程，一旦出现不合理、不在规定范围内的动作时，就要及时叫停，做到对整个训练过程的全方位监控。

（三）复查原则

复查原则指的是在所有项目开始前和结束后，拓展训练指导者都需要对所有安全器械进行复查，保证安全措施的可用性，以保障本次训练的安全和为下次训练的开展消除可能存在的安全隐患。例如，在进行高空断桥项目时，拓展训练指导者自己要先检查一遍所有设施的安全性，当上到断桥后，拓展训练指导者需要再次检查受训者的安全设备是否穿戴到位等。

三、拓展训练中安全保障的内容

拓展训练中安全保障的内容主要包括人员安全意识保障、组织管理安全保障、操作安全保障以及器械保障，具体分析如下所述。

（一）人员安全意识保障

人员安全意识保障主要包括两个方面的内容，一是拓展训练前的准备工作；二是拓展训练时拓展训练指导者和受训者应树立的安全意识，具体内容分析如下。

1. 拓展训练前的准备工作

人员安全意识保障中，拓展训练前需要做的准备工作包括以下几点。

第一，拓展训练参与方需要统计所有参与拓展训练者的姓名、民族、身份证号、既往病史、当前健康情况等。

第二，确认所有参与拓展训练者是否有意外伤害与医疗保险。

第三，参与拓展训练者要检查自己的衣物是否符合拓展训练的有关要求。

第四，参与拓展训练者要带一些常用的药品。

2. 拓展训练指导者和受训者应树立安全意识

不论是拓展训练指导者，还是受训者，都要树立全方位的安全意识，具体来说包括五点，如图 3－3 所示。

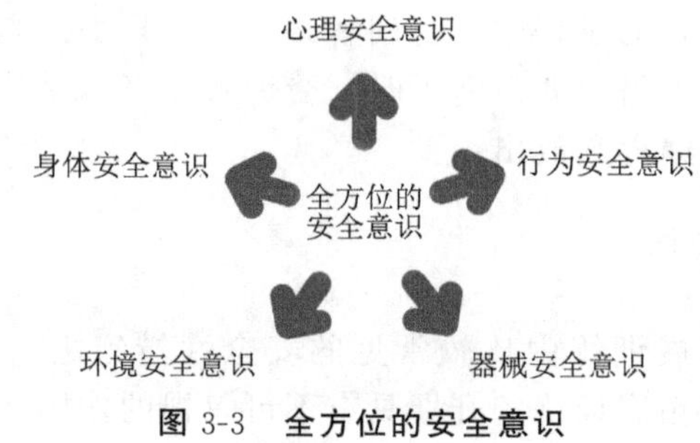

图 3-3　全方位的安全意识

（二）组织管理安全保障

组织管理安全保障的内容主要包括以下几点。

第一，保证受训者的作息时间。

第二，拓展训练指导者需要向每位受训者传达受训时间和地点，以免发生意外。

第三，在拓展训练项目进行的过程中，严令禁止嬉戏打闹。当拓展训练指导者要求停止某种行为或项目时，受训者要服从，不能顶撞。

第四，所有的器械和高空用具要在拓展训练指导者的指导下使用，受训者自己不能擅自使用，以免发生意外。

第五，受训者要按照统一规定的时间完成任务，在活动期间，未经允许不得私自离开。

第六，拓展训练期间不允许携带打火机、火柴等易燃物品。拓展训练中用于保护人身安全的绳索和安全带在接触明火后，极易自燃，这在无形中会给受训者造成安全隐患。

第七，任何人在拓展训练的过程中都不得饮酒。拓展训练指导者要保持清醒的头脑指导训练；受训者要认真听清每个步骤。严禁受训者饮酒，因为饮酒后受训者心脑血管压力会骤然增加，对判断力、反应力造成直接的影响，从而导致危险情况出现。

（三）操作安全保障

操作方面的安全保障主要指的是在一些需要保护器械的拓展项目中，为了减少受训者坠落时的受力，需要按照一定的方法将保护器械直接安装在受训者身上的安全措施。一般情况下，安全保护绳的一端会系在受训者身上，另一端会绕过受训者从保护器械的上方再绕下来，最后以“8”字的状态缠绕再8字环上，该8字环会挂在保护者的身上，起到很好的保护作用。

在拓展项目进行的过程中，受训者必须有一只手抓紧从8字绕出的绳端。在到达项目终点需要放下绳子时，受训者要将右手放在胯后并紧贴躯干，手微微松力将绳逐渐放出。

（四）器械保障

器械保障是拓展训练中比较常见的安全性措施之一。安全器械的选择、使用、维护对拓展训练的开展具有不可忽视的作用。下面将对常见的保障器械的选择和使用进行分析。

1. 头盔

头盔是拓展训练中几乎每一个项目都会用到的器具。通常来说，拓展训练中需要选择质量好、功能简便、重量轻、透气性强、舒适性高的头盔，这些头盔的外壳多由聚乙烯材料制成，内层则用尼龙材料制成，外壳和内壳衔接自然，佩戴时能够不压迫脑袋，总体舒适性较高。

在拓展训练项目中，头盔能够保护受训者的头部与脸部免受伤害，但在佩戴和使用头盔的过程中，受训者需要注意以下几点。

第一，要使用能够调节长度、宽度的头盔，保证头部和颈部处于安全舒适的状态，头盔不可太大也不可太小。

第二，要注意头盔的正反向，若是佩戴错误，会遮挡视线，影响正常的行动。

第三，对大多数女生来说，在佩戴头盔时最好将头发全部盘起来包在头盔中，头发上不要佩戴任何的装饰物。若是头发裸露在外，容易与安全绳或其他有线的物品发生缠绕，增加拓展项目的危险性。

2. 安全带

安全带指的是连接受训者和拓展训练装备之间的枢纽，主要包括以下三种类型。

（1）全身式安全带

这种全身式安全带常见于空中跳跃类项目，其优势是能够避免受训者在空中出现翻转，全身可调节，适合各种身材类型的受训者。

（2）胸式安全带

胸式安全带的优势是能够避免受训者出现头下脚上的情况，但缺点也十分明显，即受训者在遇到危险时，身体上半身会承受过大的力量，可能会导致更严重的情况出现。特别是对于儿童来说，绝对不能使用胸式安全带。

（3）坐式安全带

坐式安全带也称为半身式安全带，包括腰带和腿带两个部分。常见的坐式安全带既有全可调的，也有半可调的。

3. 拓展用绳

常见的拓展用绳如表3—13所示。

表3—13 常见的拓展用绳概览表

类型	作用	主要应用场景
动力绳	保护受训者的上升、跳跃	空中单杠项目
静力绳	连接上升器或自动制动器	高空断桥项目
麻绳或秋千绳	攀爬和摆动时使用	飞跃激流项目

在使用各类拓展用绳时，拓展训练指导者和受训者都要注意以下几点问题。

第一，正确辨别动力绳和静力绳。当进行攀登、跳跃活动时，切忌使用静力绳，否则会出现重大安全事故。

第二，选择长度合适的保护绳。一般情况下，在进行高空项目时，选用25～30米的保护绳最为合适。保护绳过长或过短都会对拓展训练的安全造成影响。

第三，选择宽度合适的保护绳。拓展训练中常用的保护绳宽度大约为10.5毫米，这类宽度的保护绳保险系数与耐用性都会更好。

第四，定期对保护绳进行保养。通常情况下，保护绳不需要清洗，除非是沾染上特别明显的污垢，有关负责人要及时用清水或肥皂水清洗干净。在存放绳子时，要保持绳子的干燥，放于阴凉处，避免暴晒。需要特别注意的是，保护绳存放与使用的地点都不能出现明火，否则极易引起火灾。

第五，保护绳的使用要有规律。保护绳的两个端点处通常较为柔软，打结更为方便，其他部分的耐磨性要更强一点。同时，保护绳最好做到专绳专用，不同项目之间的保护绳最好不要混用，这样能够按照统一的标准对保护绳的使用情况进行评估。

第六，拓展训练组织方要到正规地点购买拓展训练绳，不能购买二手绳。同时，训练绳不要轻易外借，以免出现危险。

4. 锁具

拓展训练指导者和受训者都要对锁具进行仔细检查，查看是否存在龟裂情况，同时确保锁具的开启、闭合的顺畅。锁具在使用一段时间后，开口处可能会出现粘连的情况，有可能是污物堆积在枢纽或弹簧处，锁具负责人要及时将污物清除。对于部分出现生锈情况的锁具，负责人可用煤油、汽油等涂抹在枢纽弹簧口处，直到锁具的开关闭合顺畅，之后再将锁具放在沸水中，去除清洁油剂。

5. 上升器

上升器是高空项目中常见的安全保护器械，其通常被放置在高架上下两端固定连接的“路绳”上。一般情况下，上升器是手柄式上升器，在上升时用手推动就可使使用者沿绳上升，而当使用者脱离下坠时，上升器能够利用棘轮和绳的阻力防止使用者下坠。上升器的使用操作要求较高，若操作不到位，极易出现安全问题，因此拓展训练的初学者最好不要使用。

6. 8 字环

8 字环是拓展训练项目中比较常见的保护器械之一，主要用于高空拓展类项目的安全保护。具体来说，8 字环是通过主绳产生的摩擦力来保证使用者的安全，主绳连接地面保护人员来给予受训者安全支撑，从而使得受训者在进行上升、跳跃、下降时，地面能给予其最大的保护。

7. 止坠器

止坠器与上升器相同，也是高空项目中比较常见的安全保护器械，它无须人工操作就可跟随受训者上下移动，既可在垂直的路绳上使用，也可在斜拉的路绳上使用。止坠器的作用是防止受训者出现下跌、下滑、下落的情况。性能较好的止坠器能够在 30 厘米的滑动距离内有效发挥作用。

四、拓展训练安全保障体系的构建——以高校拓展训练为例

高校是当前拓展训练中比较常见的参与组织之一，对高校学生开展适当的拓展训练，有助于其更好地适应大学生活，与大学同学建立更和谐的同门关系。在此，我们以高校拓展训练为例，对高校拓展训练安全保障体系的构建进行简要探究。

（一）选择国家标准的场地器材

高校在进行素质拓展训练时，若仅是为了进行正常的教学工作，那么一般的地面拓展项目即可满足教学要求。但是要想提升教学水平，使教学资源更加丰富，那么高校就可根据自己的实际情况建立训练基地[⑤]。为了保证基地建设的安全，高校需要严格把关每一个步骤，特别是基地的硬件设施需要符合国家有关规定，按照国家标准选择质量好、品质高的场地器材。

（二）进行科学合理的课程设计

高校要进行科学合理的课程设计，根据当前现有的资源、课程目标、学生特点、季节特点等设计科学的拓展训练内容。课程设计的具体流程如图 3—4 所示。

图 3-4　课程设计的具体流程

值得注意的是，高校教师在进行拓展训练教学课程的过程中，要严格按照课程设计的方案开展教学，不能随意更改内容。

⑤　刘华荣．我国高校户外运动风险管理研究［D］．北京：北京体育大学，2017．

（三）开展严格认真的项目管理

高校要进行严格认真的拓展训练项目管理，这能够保证拓展训练项目目标的实现。具体来说，高校进行的拓展训练项目管理包括三个阶段，如表 3－14 所示。

表 3－14　拓展训练项目管理的三个阶段

阶段划分	主要内容
项目的准备阶段（安全排查阶段）	器材检测
	器材安装
	场地的布置
	拓展项目辅助者的安排及有关事项提醒
项目的实施阶段（安全防范阶段）	安全知识讲解
	安全操作规范
	安全意识察觉
项目的总结阶段（安全回顾阶段）	场地器材维护
	场地器材保养
	场地器材报废处理

（四）建立系统规范的评价体系

系统规范的评价体系能够使高校对开展的拓展训练课程进行有效回顾，发现问题、提出问题，从而更好地解决问题，为以后拓展训练课程的开展提供可借鉴的资料。具体来说，高校拓展训练系统规范的评价体系可从以下五个方面入手，如图 3－5 所示。

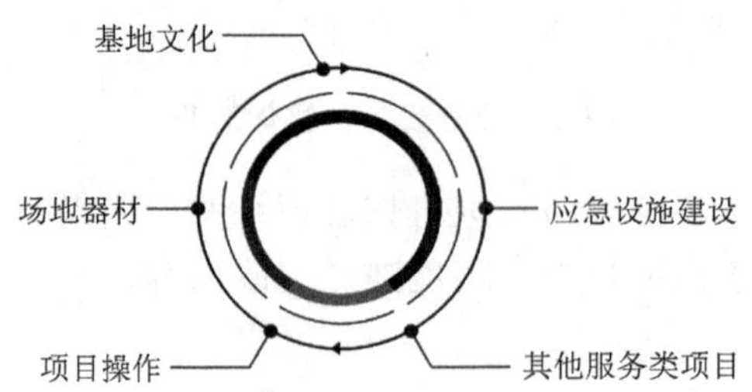

图 3-5　高校拓展训练系统规范的评价体系建设

（五）建设能力过硬的师资队伍

拓展训练项目与普通的高校课程不同，它在室外开展，可能遇到的突发情况很多。在外界不定因素很多的情况下，教师还要对学生进行思想教育、心理辅导等。因此，进行拓展训练项目课程的教师一定要有过硬的能力，接受过系统的培训，能够高效处理各类突发事件，对各种器材的使用流程和规范能够做到心中有数。此外，参与拓展训练教学的教师还要具备总结与提炼的能力，能够从实践中发掘经验，为下一次进行拓展训练提供理论支撑。

（六）制定科学配套的应急方案

应急方案是针对拓展训练过程中可能出现的各类意外情况制定的实际操作方案，主要目的是提升拓展训练的实效性，保证活动的正常进行。高校要制定与拓展训练配套的应急方案，具体内容包括拓展训练中突发事故的处理方式、医疗救护人员安排、医疗物品与紧急交通工具的配备。

（七）购买来源正规的安全保险

拓展训练中有很多项目都具有较高的挑战性，会对学生的心理素质和身体素质提出较高的要求。在参与拓展训练之前，学校要根据自己的实际情况，为学生购买来源正规的安全保险。尤其要注意的是，学校在购买保险时，要提前了解该保险的各种免责条款，避免产生矛盾与纠纷。

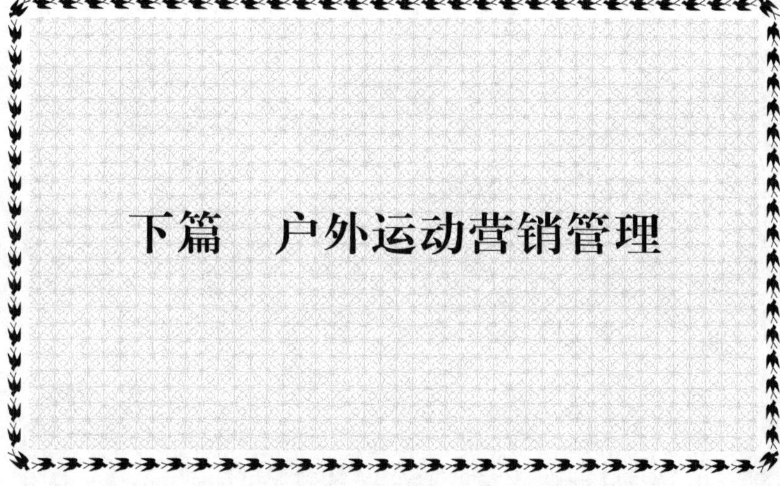

下篇　户外运动营销管理

第四章　户外运动的营销管理概述

随着我国经济形势的持续向好，人们的消费水平日益提高，户外运动消费成为越来越多人的普遍需求，我国户外运动经济行为越来越丰富，不过，我国户外运动市场尚不成熟，对户外运动的营销和管理进行研究势在必行。本章主要对户外运动的营销和户外运动的管理分别进行论述。

第一节　户外运动的营销概述

本节主要从户外运动营销的概念、户外运动营销学的产生与发展、户外运动的主要营销项目三个层面对户外运动的营销进行论述。

一、户外运动营销的概念

要想理解户外运动营销的概念，首先要先对市场营销和体育营销进行了解。其中，市场营销主要包含两层含义：市场营销的第一层含义是指一种经济行为或实践活动，具体来说，就是一个组织根据消费者需求生产适销对路的产品，然后对产品进行定价、分销和有效促销的一整套经济活动；市场营销的第二层含义是指一门学科，其研究的是市场营销活动，可理解为“市场营销学”或“市场学”。

与市场营销相比，体育营销的范围要小一些，其指的是以体育活动为载体对配套产品或品牌进行推广的一种市场营销活动，属于市场营销的一种手段。其既可以将体育活动本身作为产品进行营销，如对体育赛事、体育商品的营销，也可以利用非体育产品进行营销，如通过广告投放、品牌赞助的形式对非体育产品进行营销。

户外体育营销指的是以户外体育为载体，以户外体育服饰或户外体育用品为产品，提供户外运动产品与服务的营销方式。与体育营销一样，户外体育营销也会利用广告或其他形式进行营销。

二、户外运动营销学的产生与发展

户外运动于20世纪80年代开始传入我国。现在，北京、上海、广州等一线大城市和很多省会城市都将户外运动作为一种社会时尚，各界人士纷纷参与进来。在多年的发展过程中，户外运动由于项目结构广、体验内涵丰富得以快速发展，现在已经形成了以装备器材与服装的生产与销售、器材装备租赁、赛事组织策划、技术咨询等为主的产业链。据统计，2002年至2018年，我国户外用品市场年均零售总额增长率为31.3%，年均出货总额增长率为30.9%，增长情况良好。每年在我国举办的大型户外运动比赛有：全国户外运动挑战赛、全国户外俱乐部技能大赛、广西百色国际户外运动挑战赛、重庆武隆国际户外挑战赛等。

户外运动营销的发展和繁荣推动了户外运动产业的形成与发展，同时也使户外运动的发展水平不断提高。因此，我国户外运动用品市场有着很大的发展潜力，它还能进一步带动户外运动、自助旅游服务市场的快速发展。

人口规模的扩大，人们生活水平的提高，使我国户外运动得到了繁荣发展，但是，户外运动在发展过程中也存在较多的问题和矛盾，如户外运动市场发展的各种矛盾，规避户外运动产业发展风险所要面临的各种问题等。此外，不管是管理者还是营销者，都需要依靠户外运动营销的科学研究来解决各种实际问题。不过，目前的现实情况是，我国户外运动营销的理论研究要远远滞后于户外运动实践的发展速度。由于户外运动产业规模不断扩大，且户外运动产业具有一定的特殊性，户外运动营销已经成为与体育营销、休闲体育营销、旅游营销等不同的一个新的营销领域。因此，要想有效解决“理论指导营销实践”的现实问题，就必须构建户外运动营销的基础理论。

随着体验经济的兴起，以及其与户外运动的有机结合，推动了户外运动营销学的产生与发展。简单来说，体验经济是一种新的经济发展形态，其以服务为舞台、以商品为道具，并以满足人们的体验为目的。从本质上来说，体验经济和产品经济、服务经济相同，都是生产力发展和人们需求相互作用的产物。

体验经济时代是人类需求层次提高的必然趋势。按照马斯洛需求层次理论，当人们低层次的需求得到满足后，他们就会追求更高层次的需求。因此，体验经济这种既符合社会经济与消费变化，又与人类需求层次相适应的经济形态必然会得到良好的发展。产品和服务的有机结合，表明单向度的产品经济、服务经济已经结束，而将产品与服务融合在一起的双向度的体验时代得到了很好的发展机遇，很多企业都开始探索“顾客体验”的发展模式。如今，信息网络技术的发展以及人们休闲时光的增多，都为消费体验的发展创造了良好的条件，这也进一步推动了体验经济的到来。

体验经济与户外运动的有机结合，对户外运动营销学的产生与发展起到了极大的推动作用，其主要体现在以下两个方面。

第一，体验经济与户外运动有着良好的对接性。消费是一个过程，在此过程中消费者充当了“产品”的角色，当过程结束后，消费者的记忆会将消费过程中的“体验”长久地保存下来，这其实就是体验经济的本质特点。户外运动消费其实就是为了追求户外运动的经历与体验，因此，户外运动产品的设计以及配套的各种服务其实也是为了向消费者提供独特的体验。具体来说，一方面，户外运动开发商开始意识到，消费者追求的消费体验不再是传统的“有物可看，有话可说”，而是追求视觉、听觉、嗅觉等全方位的参与和体验；另一方面，户外运动本身受设施、自然条件的限制较小，消费者可以从不同地域环境和多样化的户外运动产品中感受到各种惊险刺激。此外，户外运动消费者在进行户外运动的过程中会获得各种感受：惊险感、愉快感、挫折感、成就感等，这些户外运动体验会给消费者留下深刻的印象。

第二，体验经济为户外运动消费提供了众多体验内容。这些户外运动体验内容主要包括刺激体验、健身体验、竞技体验、休闲体验和其他体验。现代社会，人们的生活节奏快，工作压力也比较大，随着生存空间的不断缩小，一些人开始将兴趣转移到富有冒险性与挑战性的户外运动，这些户外运动活动一方面可以满足人们的好奇心与挑战欲望，另一方面也能达到健身和娱乐身心的目的。与此同时，由于户外活动大多需要团队合作，而融洽的人际关系也能够使参与户外活动者减少现代社会中的冷漠感与孤单感。

因此，体验经济时代的发展实际上也推动了户外运动行业的快速发展，同时，体验经济的发展也推动了户外运动营销学的产生与发展。

三、户外运动的主要营销项目

户外运动包含的项目形式多样，内容丰富，深受户外运动达人的追捧和喜爱。下面介绍户外运动中比较热门的几个主要营销项目。

（一）登山攀岩

登山和攀岩实际上是两种户外运动，它们都属于智力、体力相配合的心智型体育运动，登山的过程中可能会涉及攀岩，攀岩的过程中也可能会涉及登山，因此，两者相互补充，互为基础。

1. 登山

登山主要是指登山运动员徒手或借助登山装备攀登山峰的活动。本书中介绍的登山运动主要指具有一定技术难度的极限登山运动，例如攀登高峰、雪山等，一般的户外登山活动，例如攀登成熟景区中的山峰，对攀登者没有较高的技术要求。

登山运动起源于18世纪80年代。1786年，来自法国的医生巴卡罗与石匠巴尔玛结伴第一次登上了阿尔卑斯山的最高峰勃朗峰；次年，青年科学家德·索修尔率19人登山队，也成功攀登勃朗峰，世界登山运动由此产生。登山运动先后经历了“阿尔卑斯的黄金时代”和“喜马拉雅的黄金时代”，越来越多的高难度山峰被登山爱好者攻克。

中国登山运动起始于20世纪50年代，1960年和1975年，中国登山运动员分别成功登顶珠穆朗玛峰，并且在1975年的登山活动中，准确测量出了珠峰的高度为8848.13米。2020年，我国登山队再次攀登上珠穆朗玛峰并对其进行了精准度的测量。在多次登山活动中，中国登山运动员与科学工作者均密切配合，进行了各种高难度的高山考察活动，这为我国研究高山气候和环境奠定了基础。

2. 攀岩

攀岩是指攀岩者借助一定的技术装备，在不同高度和角度的岩壁上，在一定时间内通过一定的惊险技术动作完成整条线路的攀登过程。攀岩是一项非常惊险刺激的户外运动项目，同一个攀登者在不同岩壁上进行攀岩会获得不同的感受。攀岩对攀登者智力、体力、技术等方面的要求都极高，同时还需要攀登者有一定的意志力和冒险精神。

攀岩运动由登山运动衍生而来，起源于18世纪末，关于其起源还有一段非常美丽的传说。在阿尔卑斯山区海拔3千米到4千米的悬崖峭壁上，生长着一种非常珍贵和美丽的“高山玫瑰”，当地有一种风俗：青年若想向心爱的姑娘求爱，就要拿着“高山玫瑰”来表忠心，这是因为采摘“高山玫瑰”的过程异常困难，能考验青年的意志力和勇敢程度。直至今日，阿尔卑斯山区还保留着这样的风俗，攀登运动也由此而来。

随着时代的发展，为了让普通群众也能感受到攀登的乐趣，一些热爱攀登的人就开始把攀岩转移到室内、郊外的岩壁，并开始向人们传授相应的攀登技术。

早期的攀岩运动主要以结伴组队赛为主，后来有了个人速度赛，在人工岩壁出现以后，主要以难度赛为主。1987 年，国际登山组织联盟规定：国际比赛必须采用人工岩壁。攀登比赛的赛事具体可见表 4－1。

表 4－1　攀登比赛的赛事发展

年份	比赛	举办地	意义
1987	人工岩壁比赛	法国	第一届人工岩壁攀岩比赛
1989	世界杯攀岩分站赛	法国、西班牙、意大利、保加利亚	第一届攀岩世界杯比赛
1991	攀岩锦标赛	德国	第一届攀岩锦标赛
1992	亚洲攀岩锦标赛	韩国	第一届亚洲攀岩锦标赛

攀岩的种类非常丰富，根据不同的分类标准，其可被分为不同的种类，具体见图 4－1。

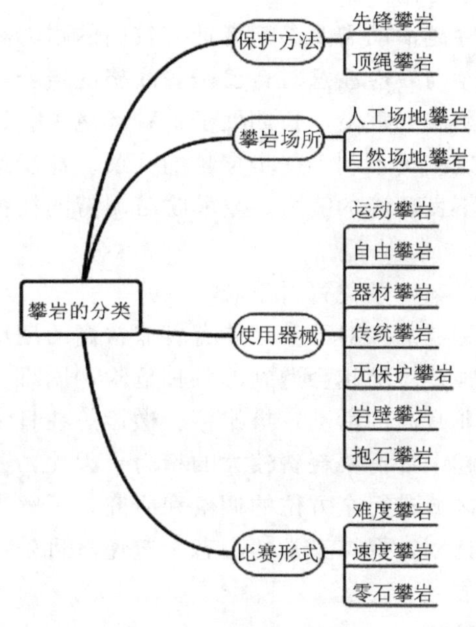

图 4-1　攀岩的分类

（二）徒步穿越

徒步穿越也属于户外运动的一种，主要是指在一定区域内依靠步行，由起点到达终点的的活动。徒步穿越对参与者的身体素质要求极高，因为在徒步穿越的过程中，参与者可能会遇到丛林、雪原、山岭、沙漠、峡谷等一切地貌，所以其不仅要掌握徒步穿越的相关技术，还要会登山攀岩、野外生存、漂流等技能。

下面将对徒步穿越前的心理准备、徒步穿越中的路况分析和徒步穿越的注意事项进行介绍。

1. 徒步穿越前的心理准备

（1）克服恐惧心理

在进行徒步穿越前，首先要克服恐惧心理。当个体进入陌生的环境前或处于陌生的环境中时，极易出现紧张、焦虑、惶恐不安等消极情绪，这是非常正常的，适度的紧张有助于我们保持头脑清醒，但过度的恐惧会让人丧失理智。因此，在进行徒步穿越前，参与者可进行一定的心理素质训练，例如参与模拟野外生存活动、与小组讨论遇到紧急情况应采取的办法等，以此来帮助自身克服恐惧心理。

（2）培养吃苦耐劳的品格

长时间的徒步穿越活动需要参与者拥有较高的耐力和毅力，因此，在进行徒步穿越前，参与者应注意对自己坚毅品格的培养。徒步穿越过程中会遇到各种各样的困难和危险，长期处于这种环境中会让人失去信心和兴趣，并想要放弃，这些均不利于徒步穿越的开展。徒步穿越参与者要有意识地提高自身抵抗不良环境的能力，培养吃苦耐劳的精神，不能因一时兴起而参与徒步穿越。

（3）保持正常心态，避免盲目乐观

首次参加徒步穿越的人对徒步穿越有着非常高的期待，同时自身也会非常兴奋，从而忘掉徒步穿越会遇到的各种危险和困难。实际上，徒步穿越是一项难度系数非常高的活动，搭帐篷、做饭等在日常生活中稀松平常的事情，在徒步穿越中都需要耗费较大的精力。因此，参与者在进行徒步穿越前，要对穿越区域进行全方位的调察和研究，了解当地的地理和人文环境，制订详细的计划，保持正常的心态，避免盲目乐观，这样才有助于徒步穿越的顺利完成。

（4）培养团队精神

一个人进行徒步穿越是非常困难的，通常都是团队一起进行徒步穿越，这样在穿越过程中，大家可以互相帮助，共同战胜困难。在徒步穿越团队中，要有一个优秀的领队带领大家活动，其要在紧急关头起到主心骨的作用，并了解团队中每位成员的特点和优势，使团队各成员能够优劣互补，最终齐心协力完成穿越。

同时，由于团队中的每个人都有自己的个性，摩擦和矛盾在所难免，但在团队中，每个人都要尽量收敛一些自身的个性，积极融入集体，培养团队精神，从而更好地促进徒步穿越活动的开展。

2. 徒步穿越中的路况分析

徒步穿越的通常都是人迹罕至、地形复杂的区域，其没有标准的路可走，也没有指示牌指明方向，徒步者需要依靠地图、指南针以及自己的经验来分析路况和判定方向。下面将介绍几种徒步穿越中经常会遇到的路况，并对不同路况的行走经验进行阐述，具体可见表4－2。

表4－2　徒步穿越中的路况分析

路况	路面特点	行走经验
石板路面	①多存在于石质山崖、陡崖中；②由整块或多块的石板形成；③路面平滑，易生长青苔、易打滑	①雨后要穿防滑鞋；②行走时重心尽量和地面的石板垂直，下山时重心要略微前倾；③可借助登山杖、手扶岩壁或树枝进行行走；④行走者之间要拉开一定的距离；⑤雪后尽量采用四齿冰爪行走，若没有，借助登山杖或树枝、木棒行走
跳石路面	①没有明显的路，主要由山谷沟壑经长期雨水冲刷和山洪暴发形成通道；②由大小不一的石块组成的路，需要在石头上跳跃行走	①行走时克服心理恐惧，注意力要集中；②穿鞋底较厚的登山鞋，并在跳石前检查鞋带是否系好、背包是否紧贴背部；③跳石时要注意前方，准确判断下一个落脚点；④及时清理鞋底
灌木丛	①自然灌木丛多存在于密林中，一般土质松软、中间可能会存在沼泽；②人工灌木丛多存在于山麓坡地，一般土质干燥，含沙石较多	①戴好帽子、眼镜，拉上衣服的拉链，尽量不要将皮肤暴露在外；②两个队员之间的距离要大于1.5米，但也要注意不要距离过远，防止迷路；③建议穿防滑鞋或丛林靴
雪地	①无法预知积雪下的路面状况；②路面湿滑、阻力较大，行走不便	①积雪过多时，步幅要小并且保持固定步调；②积雪没过腰时，要采取除雪前进的方式，用脚和腰推开前面的雪；③攀登雪坡时要少走有明显裂痕的地方

续表

路况	路面特点	行走经验
山地	地形复杂，石板路、跳石路、泥路、灌木丛可能会交替出现	①有道路不穿林翻山，有大路不走小路；②走梁不走沟、走纵不走横；③遵循大步走原则；④感到疲惫时要及时休息，可采取缓慢前进的方式休息
河川	水位高、水流速度快	①谨慎选择过河地点，有桥不徒步穿越；②仔细观察水流情况，选择较浅处穿越，并在易上岸的岸边登陆；③一般采用斜线渡河的方式穿越河川

3. 徒步穿越注意事项

（1）团队分工

徒步穿越通常是一项集体活动，需要 2 人以上参与较好。在穿越过程中，良好的团队分工是促进穿越成功的保障，这需要团队中每个人的努力。具体来说，徒步穿越团队需要注意以下几点问题。

第一，明确队长。队长是一个团队的主心骨，也是领导团队前进和处理紧急情况的关键人物。一般而言，要选择经验丰富、体力良好的人来当队长。

第二，合理分工。选定队长后，队长要根据团队成员的优势进行合理分工，例如开路的人、扎营的人、生火的人等。

第三，当人数过多时，要注意采用合理的队形，避免队员走失或因队伍过长而不能及时发现有人出现意外情况。

第四，所有的装备和供给可根据不同人体力的好坏进行分配，体力较好的人可多承担一些背负任务，从而使整个队伍步调一致。

第五，当有队员出现严重伤病时，穿越计划需要根据队员的伤情进行调整，全体撤离或部分人带伤员返回。

（2）体力分配

徒步穿越中要合理进行体力分配，具体应注意以下几点。

第一，上坡时，每半小时休息 5～10 分钟；下坡时，每一小时休息 10～15 分钟⑥。

第二，全程尽量保持匀速行走，按计划休息、喝水和进食。

第三，穿越时长可根据队员的体力情况进行适当调整，避免因赶进度

⑥ 胡炬波. 户外运动与拓展训练［M］. 浙江：浙江大学出版社，2017：139.

体力透支而使身体造成不可挽回的伤害。

（三）滑翔伞

滑翔伞是一种飞行器，由降落伞和滑翔翼组合而成。滑翔伞具有高升阻比气动性能，滑翔能力强，并且稳定性和操控性也较强，可以折叠包装携带，方便搬运。下面将介绍对滑翔伞运动的起源与发展、运动装备、运动开展的要求进行介绍。

1. 滑翔伞的起源与发展

滑翔伞的起源与登山运动有一定的联系。20 世纪 70 年代末 80 年代初，阿尔卑斯山区的一些登山者厌倦了每次登山完成后还要原路下山，于是开始寻找一种快速下山的途径。1978 年，法国登山家贝登首次用方形降落伞从山腰起飞，并成功降落在山下，滑翔伞运动由此产生。

后来，其他登山者们纷纷效仿，并对降落伞进行改良，将降落伞与滑翔翼相结合，最终形成了如今我们看到的能在空中自由翱翔的滑翔伞。1984 年，法国登山家菲隆从勃朗峰上成功滑翔而下，滑翔伞运动名声大噪并在世界各地流行起来。

滑翔伞运动在初期使用的是飞机跳伞用的翼型方伞，主要以下降为主，下降速度较快、安全性能好，但是滑翔距离较短。经过后来的发展和演变，如今我们看到的滑翔伞一般采用圆弧形翼伞，其能够完成盘旋、滞空、滑翔等飞行动作。

中国在 1989 年开始开展滑翔伞运动，如今已经成立了 50 多个滑翔伞俱乐部，并且该数量还在持续上升。我国每年都会举办全国性的各类滑翔伞比赛和飞行表演活动，为宣传航空科技知识奠定了基础，这使得越来越多的人爱上这项运动。

2. 滑翔伞的装备

进行滑翔伞运动需要配备专业的装备器材，其主要包括飞行系统装备、飞行防护装备以及其他辅助装备，具体如下所述。

（1）飞行系统装备

①伞头：即伞翼，主要由伞翼面、伞绳、组提组成。其中伞翼为双面，每面都要涂防紫外线涂料，并且还要抗撕裂，一般由涤纶聚酯织物缝制而成。伞翼是滑翔伞运动中唯一能够产生升力并搭载飞行员升空飞行的装置。

②座袋：座袋是为了飞行员在飞行时能安全舒适而设计的，飞行员可

以坐在座袋上进行飞行。座袋上有肩带、胸带和腿带，主要用来固定飞行员，座袋背部还有厚实的泡棉，以在撞击中保护飞行员的背部；座袋底部有防刺穿的玻璃纤维板，以在降落时防止尖锐物体刺穿飞行员。座袋底部还有副伞仓，用来放置救生伞。

③副伞：副伞其实就是降落伞，主要是为飞行员在遭遇紧急情况时跳伞准备的。副伞一般由抗撕裂的尼龙格子布和尼龙绳缝制而成，通常放置在座袋的副仓中。副伞是飞行员遇到紧急情况时唯一的逃生设置，是非常重要且必要的装备。需要注意的是，副伞需要在距离地面 50 米以上的高度抛出才能完全打开，进而发挥救生作用。

④加速杆：悬挂在座带套下方，与座带平行的杆子，其作用是加快滑翔伞的滑翔速度。加速杆是通过座带上的滑轮链接到伞头提带上的，主要由双脚来进行控制，当双脚向外蹬加速杆时，滑翔伞的伞翼攻角就会增加，从而使滑翔速度加快。

（2）飞行防护装备

①飞行头盔：用来保护飞行者头部的防护装置，其主要由碳钢或克维拉纤维制成，有全盔和半盔两种形式。头盔在空中具有防风保暖的作用，还能防止意外撞击。在进行滑翔伞运动前，运动员要挑选一副合适的头盔，即当转动头部时，头盔不会移位。

②飞行靴：用来保护飞行者脚部的防护装置，其要比一般的鞋高，并且有保护脚踝的支撑垫片，能够在起飞或者降落时，保护飞行者的脚踝关节，防止其扭伤。需要注意的是，靴子上不能有钩状物，以免其与伞绳缠绕打结。

③太阳镜：在进行滑翔伞运动时，需要佩戴太阳镜，主要原因有两点：一是为了防止紫外线对飞行员的眼睛造成伤害，方便飞行员在阳光较强烈的情况下查看航线情况；二是当滑翔伞不慎降落在树林或灌木丛时，太阳镜能够保护飞行员眼睛不受伤害。

④护具：包含手套、护肘和护膝，其主要作用是保护飞行员的身体不受伤害。通常，手套材料要坚韧耐磨、薄厚适宜，飞行员戴上后仍能自由活动。护膝和护肘要抗撞击，并且不影响肘关节和膝关节的活动。

⑤飞行服：一般有两套，一套防风保暖，主要在冬季使用；另一套轻巧透气，主要在夏季使用。飞行服有许多便利快速的拉链设计，以方便飞行员穿脱和取东西。通常，飞行服能够减少飞行时风的阻力，增加滑翔距离，并且其一般颜色较鲜艳，在天空中飞行时容易被识别。

（3）其他辅助装备

滑翔伞运动中的其他辅助装备包括对讲机、高度表、GPS、风速计和风向筒。其中对讲机是飞行员与地面指挥员、其他飞行员进行沟通的通信工具；高度表可以让飞行员了解飞行中的升降情况，感知上升及下沉气流区；GPS是定位飞行员和方便飞行员查看地理方位的工具；风速计主要用来测量和显示风速；风向筒主要是方便飞行员判断风向和风力大小。

3. 滑翔伞运动开展的要求

滑翔伞运动的开展对场地和气象有着较高的要求，通常要将地形地貌、山体形状及走向、飞行区域的气象进行综合考虑，具体如下所述。

（1）场地要求

滑翔伞运动的场地包括起飞场地与着陆场地两部分。在对这两个场地进行设计时需要遵循一定的要求。

在对滑翔伞运动的起飞场地进行设计时需遵循以下要求：第一，起飞场地坡度以20°～30°最佳，过于陡峭对起伞和助跑加速均不利。第二，起飞场地应正对常年风向，前方要有开阔的区域，宽度最好在20米以上，并且最好有绿草覆盖，周围不要有树木、灌木等障碍物。助跑前方地面要平整，不能有突起的石块或坑。第三，起飞场地上要放置风向筒，以便飞行员能实时观察风向和风力。

在对滑翔伞运动的着陆场地进行设计时需遵循以下要求：第一，着陆场地要选择在与起飞场地相对应的山下，并且要保证降落处为平地，面积不小于2500平方米。着陆场地要尽量远离河流、树林、高压线、建筑或村庄以及人口密集区。第二，着陆场地也要放置风向筒，方便飞行员在降落时能够及时判断风向，从而实现逆风降落。第三，着陆场地周围的交通要方便，方便飞行人员回收伞具以及返回飞行场地。

（2）气象要求

滑翔伞运动一般在山区进行，而山区的气象通常较为复杂。但滑翔伞运动对气象的要求较高，只有在风速、风向、阵风等均达到要求后才能开展。因此，在进行滑翔伞运动前，最好提前了解山区当日的气象情况。具体来讲，滑翔伞飞行对风速、风向和阵风的要求如下。

风速：2～3米/秒为最佳，不能超过5米/秒。

风向：正对风向为最佳，侧风最大偏侧角不能超过30°。

阵风：10秒内风速最大变化为2～2.5米/秒，无变化为最佳。

（四）潜水

潜水是在携带或不携带专业工具的前提下，进入水面以下进行的一种活动。潜水是一项危险系数较高的户外运动，潜水的基本定义为：只要经过专业的潜水训练，并且能够在水下自律又按照规则进行活动，潜水的安全系数是可控的，一般情况下意外很少发生。

潜水能够让人们了解到水下的世界，能够给人们带来全新的感受。由于人入水之后，身体会被水支撑，因此，人们能够不受重力的约束在水中肆意游动。潜水时，人们的目光被惊奇的水下世界所吸引，以此来忘记凡尘俗世，释放压力，放松心情。下文将对潜水的起源与发展和装备情况进行介绍。

1. 潜水的起源与发展

在最开始的时候，人们潜水主要是为了进行水下勘探、打捞等工作，随着潜水技术的逐渐成熟和发展，逐渐成为一种休闲娱乐运动项目，受到广大群众的喜爱。

潜水的起源可追溯至2800年前，在当时，阿兹里亚帝国的军队用羊皮袋充气，由水路进击，潜水这项运动由此产生。在中国，早在1700年前也有了关于潜水的记载，《魏志·倭人传》中就详细描述了渔夫在海里潜水捕鱼的场景。

如今潜水运动的前身则起源于160年前，英国的郭蒙贝西在当时发明了头盔式潜水，该种类型的潜水于1854年首次出现在日本。1924年，面罩式潜水出现，人们开始利用玻璃做潜水镜，后来发展成为如今的水肺潜水器。就在这一年，日本人利用面罩式潜水器潜入地中海海下70米处，打捞出了沉船八阪号内的金块，轰动世界。到了“二战”末期，法国人发明了空气潜水器，并流行于欧美国家。

2. 潜水的装备

潜水的装备主要包括基本装备和辅助装备，下面分别对其进行介绍。

(1) 潜水基本装备

潜水的基本装备主要有面镜、呼吸管、蛙鞋、潜水服、浮力调整器、气瓶、空气压力调节器以及配重和配重带等，下面将进行具体介绍。

①面镜：其主要作用是防止水进入鼻腔，以及帮助潜水者在水下能轻松睁眼，欣赏水下美景。有别于普通眼镜的是，潜水面镜还含有平衡压力的鼻囊。

②呼吸管：其作用是帮助潜水者在水下也能进行呼吸，并且不需要将头抬出水面。在水肺潜水活动中，潜水者主要就是借助呼吸管进行呼吸。

③蛙鞋：其作用是提供水下推动力。在水肺潜水中，潜水者的前进主要依靠腿部和双脚运动，这样双手就能够用来做其他事情。穿着蛙鞋有利

于更好地推水，从而使潜水者在水中自由游动。

④潜水服：其作用是保暖。即使是在热带地区，水下的温度，尤其是深水区的温度通常非常低，潜水者需要穿着合适的防水服来维持正常体温，以免因寒冷而造成疲倦、抽筋等不适症状。

⑤浮力调整器：其作用主要是控制浮力。浮力调整器能够帮助潜水者轻易浮在水面上，以及帮助其在水下保持最佳的浮力状态。

⑥气瓶：用来装空气或者氧气的装置，以供潜水者在水下也能保持正常呼吸。气瓶需要定期送到专业机构进行检验，以确保其性能良好。

⑦空气压力调节器：与气瓶相连的装置，装在气瓶中的空气由于是经过高压处理的，不能直接被人吸入，需要空气压力调节器将其中的空气转换成正常压力下的空气。

⑧配重和配重带：配重的作用主要为平衡潜水者本身、潜水服以及各种潜水设备等产生的浮力，是潜水者便于下沉的装置。配重主要由铅制成，通常会拴在潜水者的腰间。潜水者若在水下遇到紧急情况，需要上浮，可以迅速解开配重。但需要注意的是，从深水中快速上浮至水面是非常危险的，需要潜水者多加注意。

(2) 潜水辅助装备

潜水辅助装备主要有潜水电脑、潜水刀、潜水浮标、潜水日记本、药品箱、水下记录板、水下电筒、装备袋等，这些装备主要是用来辅助潜水者做一些潜水记录，以及应对危急情况的工具。

除上述基本潜水装备和辅助潜水装备外，专业的潜水人员通常还会配备潜水摄像机，主要用来记录自己在水下进行的活动。潜水摄像机通常有防水外壳，能够高清地记录水下的绚烂世界。

(五) 滑雪

滑雪是近年来比较受大众欢迎和追捧的一项非常刺激的户外运动。滑雪运动员在比赛中会将滑雪板装在靴底，并在雪地上进行各种加速、跳跃和滑降动作。在进行滑雪运动时，滑雪者呈站立姿态，手持滑雪杖，脚踏滑雪板在雪面上进行滑行运动。滑雪运动的关键就在于“雪”“立”“板”“滑”。下文将对滑雪的分类、起源和发展与装备进行介绍。

1. 滑雪的分类

根据不同的分类标准，滑雪可分为不同的种类，具体可见图 4—2。

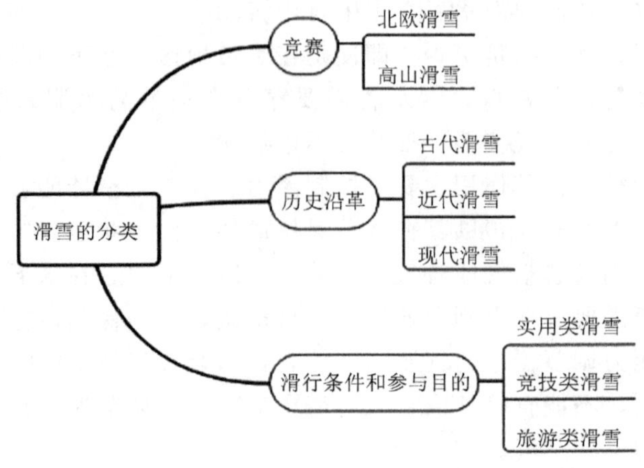

图 4-2 滑雪的分类

2. 滑雪的起源与发展

滑雪早在几千年前就有了雏形，当时的生存环境比较恶劣，人们为了获得足够的食物和生活用品，就发明了可以在冬天代替行走的滑雪板，这样就能在森林中随意驰骋，寻找食物。

滑雪运动起源于斯堪的纳维亚地区，1924 年，国际滑雪联合会成立，同年，北欧滑雪运动被列入第一届冬季奥运会项目。斯堪的纳维亚地区气候寒冷，尤其是阿尔卑斯山脉附近常年被积雪覆盖，非常有利于进行高山滑雪。因此，斯堪的纳维亚地区的各国，例如挪威、芬兰、瑞典等，在世界滑雪运动中总是处于领先地位。

3. 滑雪装备

滑雪装备通常有滑雪板、滑雪杖、滑雪靴、固定器等，下面将进行具体介绍。

(1) 滑雪板

一般的滑雪场都会配备各种滑雪装备，以供到此游玩或训练的滑雪者使用。滑雪板的材质有木质、金属和玻璃纤维，其中木质的滑雪板价格相对低廉，重量较轻但容易受潮变形，因此相关技术人员会给木质滑雪板涂特质油脂，防止雪水使其变形。金属滑雪板的价格相对较高，也比木质滑雪板要重，但其在轻而燥的深雪和冰面上回转非常轻便。玻璃纤维滑雪板最为好用，适用于任何类型的雪地，因此价格也相对较高。初学者在选择滑雪板时尽量选择弹性好、长度短、雪板头大、轻便的滑雪板，如果有条件的话，尽量拥有自己专用的滑雪板，这样方便练习。

（2）滑雪杖

滑雪杖又被称为雪杖，是滑雪运动的必备装备，其主要作用是帮助滑雪者滑行和保持身体平衡。滑雪杖要依据滑雪者的身高进行选择，由拦雪轮起算，最长不过肩，最短不低于肋下。尽量选择质量轻、不易折断、平衡感好的雪杖。

（3）其他滑雪装备

①固定器：滑雪板上固定滑雪靴的装置，其能够在滑雪者正常滑行时起到固定滑雪靴的作用，而在滑雪者摔倒时，能够将滑雪靴与滑雪板分离，从而保护滑雪者免受伤害。

②滑雪服：由于滑雪运动的场地环境通常较为寒冷，因此需要穿滑雪服来保暖。通常来讲，滑雪服要保暖、防风雪、减少阻力、舒适合身且不影响滑行。滑雪服一般制作精良但价格较为昂贵，因此一般的滑雪者不必购买专业的滑雪服，滑雪场有可供租赁的滑雪服。

③滑雪靴：滑雪靴要与滑雪板相匹配，滑雪者在选择滑雪靴时要选择合脚并且防雪、防水的滑雪靴，尽量选择靴筒较低的短靴，以保护脚踝。

④滑雪眼镜：雪地里通常阳光反射较为强烈，长时间裸眼看雪地会出现雪盲症。因此，长时间在雪地里滑行，尤其是阳光较为强烈时，必须要佩戴滑雪眼镜。一般滑雪眼镜为有色眼镜，镜片颜色以黄色或茶色为佳。

（六）定向越野

定向越野是定向运动的一种，又被称为“定向跑”“识图越野”“野外定向”。定向越野主要是指参与者凭借定向地图、指北针，按照组织者规定的方式和顺序，自主选择前进路线并到达地图上标识的地面检查点，最终哪位参与者用最短的时间通过全程检查点或在规定时间内通过最多的检查点即为获胜者。

定向越野是高校体育课程内容的延伸和扩展，突破了传统体育课程的封闭性，将体育课程延伸到了社会、大自然。定向越野集跑、跳、投等运动于一体，并且对参与者的识图能力进行考验，比赛过程非常有趣。下文将对定向越野的起源与发展、分类、相关器材和场地进行介绍。

1. 定向越野的起源与发展

“定向越野”起源于瑞典，至今已有100多年的历史了。欧洲北部的斯堪的纳维亚半岛被一望无际的森林覆盖，里面分布着村庄、城镇和各类湖泊，并且道路崎岖不平。生活在那里的人们要想实现交流，就必须通过森林中若隐若现的崎岖小径，因此他们也就练就了通过地图和指北针来准确辨别方向的能力。

长此以往，在森林中生活的人们，以及那里的军队就成了定向越野的带头者。后来，军队将“定向越野”当作军事科目来进行训练。1918 年，一名叫吉兰特的军人将“定向越野”游戏化，并组织了一场寻宝游戏，引起了人们广泛的关注。随后，“定向越野”逐渐发展成为一种体育运动。

之后定向越野在国内外有了很大的发展。表 4—3 与表 4—4 分别列举了国外定向越野的发展路径和国内定向越野的发展路径。

表 4—3　国外定向越野的发展路径

年份	相关事件	概况
1897	世界上第一个定向赛事在挪威举行	只有 8 名参赛选手，比赛线路总长 10.5 千米，总共设置 3 个检查点，冠军耗时 1 小时 41 分零 7 秒
1899	世界上第一个滑雪定向赛事在挪威举行	有 12 名选手参赛，比赛线路长 20 千米，冠军耗时 2 小时 30 分 20 秒
1948	当时最大的定向越野比赛在瑞典举办	3.9 万人参加比赛
1961	国际定向运动联合会成立	确定了定向越野为正式比赛项目，并制定一系列比赛规则和技术规范
1966	第一届世界定向锦标赛在芬兰举办	男女冠军分别为瑞典人林德克·维斯特和挪威人里斯塔；最权威的传统定向比赛，隔年举办一次
1977	定向越野被国际奥委会承认为奥林匹克运动项目	—
2001	世界体育运动大会将定向运动列为正式比赛项目	—
2016	芬兰 Jukola 世界定向接力赛	第一次有中国选手参加，比赛 24 小时仍在进行

表 4—4　国内定向越野的发展路径

年份	相关事件	概况
1979	香港野外定向会成立	该协会成立是为了在我国推广定向越野
1982	香港野外定向总会成立	下属有香港野外定向会、圣匠社会服务中心、爱丁堡奖励计划、香港大学野外定向会等 18 个属会
1983	定向越野传到内地	定向越野被列为中国人民解放军常规军事训练科目
1994	第一届全国定向锦标赛在北京举行	以后每年举办一次
1995	中国定向运动协会正式成立	该协会是全国性的群众体育组织，是中华全国体育总会的团体会员
2019	中国旅游城市定向越野挑战赛	是金石滩国际沙滩文化节有史以来最大规模的全民健身活动

2. 定向越野的分类

定向越野根据不同的分类标准，被分为不同的类型，具体如图 4—3 所示。

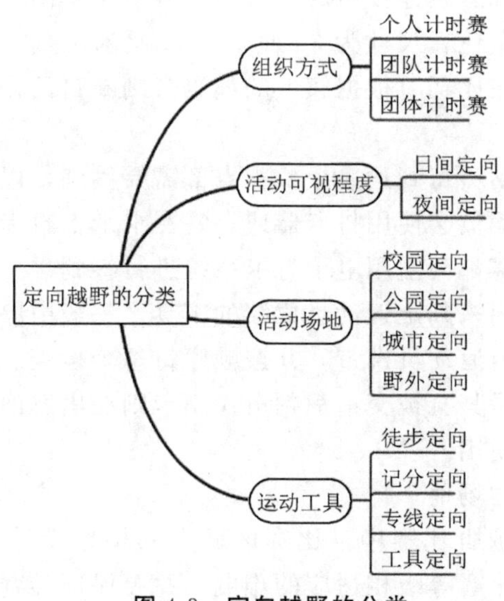

图 4-3　定向越野的分类

3. 定向越野的器材和场地

(1) 定向越野的基本器材

定向越野的基本器材主要包含地图、指北针、点标旗、打卡器和检查卡片，下面将进行具体介绍。

①地图：地图是定向越野活动中必不可少的器材之一，其质量的好坏会直接影响运动员的比赛成绩，并且也会对比赛的公正性造成影响。基于此，国际定联制定了《国际定向运动图制图规范》，对定向越野比赛中使用的地图进行了严格的规定，具体如下。

第一，比例尺。比例尺通常为 1∶15000 或 1∶20000；需要时也可采用 1∶10000 或 1∶25000。

第二，等高距。等高距通常为 5 米，需要时也可采用 2～10 米；同一张地图中只能使用一种等高距。

第三，精度。要使正常速度奔跑的运动员有准确的感觉。

第四，内容。地图上要详细描绘出与定向和越野跑直接相关的地貌和地形，并要通过颜色、符号等区分通过的难易程度。

②点标旗：用来表示地图上检查点的工具，其会被准确放置在检查点的中心点上。点标旗的放置方法主要有两种，即有桩式和无桩式，若无桩，点标旗的悬挂高度一般从标志旗上端计算，距地面 80～120 厘米以内。

点标旗由三面标志旗连接组成，每面正方形小旗沿对角线分开，左上为白色，右下为橘黄色，尺寸为 30 厘米×30 厘米。点标旗上通常还标有编号，以方便选手在比赛时根据旗上的编码来判断自己是否找到了正确的检查点。

③打卡器：运动员每到达一个检查点都需要签到，以证明自己已通过该检查点。一般运动员会使用打卡器或点签在卡纸上打卡。目前，国内外的大型定向越野比赛都会使用电子打卡系统进行签到。

④检查卡片：用来判定运动员成绩的工具，一般由厚纸片制成，分为主卡和副卡，主卡由运动员携带，并按顺序将每个检查点的点签图案卡在空格中，到达终点后其会被交给裁判员；副卡则在出发前交由工作人员保管，在公布成绩时使用。

(2) 定向越野的场地

在正式的定向越野比赛中，比赛区域内的场地设计需要遵循以下要求：第一，要有与比赛等级相适应的难度，并要保证参赛运动员能充分发挥自己的定向越野技能；第二，比赛区域若是所有参赛队员都不熟悉或不太熟悉的，以防比赛不公平现象的出现，部分国家还规定，三年内不得在同一地点举行第二次比赛；第三，比赛区域的选择要在赛前严格保密。

一个标准合格的定向越野场地应具备以下特点：第一，要有中等起伏的森林地，植被覆盖要适度；第二，场地内地形要有变化，包括限通视地域、生疏的人烟稀少地区等。一般的定向越野活动，城市公园、近郊区等都是可选择的地点。

第二节　户外运动的管理概述

户外运动的管理是一个动态的过程，要想实现户外运动的健康有序发展，就必须重视户外运动的管理工作。本节以户外运动的管理为着眼点，具体论述了户外运动的管理系统、管理职能、管理原理和管理的基本方法。

一、户外运动的管理系统

户外运动的管理系统主要包括户外运动的管理主体、管理客体、管理中介等。具体如下所述。

（一）管理主体

户外运动的管理主体指的是在户外运动管理中处于支配地位、起着重要作用和影响的要素，其包括单个管理者以及由管理者全体构成的管理机构。

1. 管理者

管理者可以通过行使管理权利，采用各种管理手段，对管理对象进行管理。其在户外运动管理活动中起着主导作用，处于主导地位，其职责主要包括目标计划的制订、组织活动的实施、对户外运动进行指导与监督等。不过，管理者与被管理者的地位是相对的，如果管理环境发生变化，管理者与被管理者的地位可能会发生改变。

2. 管理机构

管理机构是在人员分工、功能分化基础上，管理群体内不同成员被赋予不同的权利、承担不同的责任、担任不同的任务，通过相互协作来实现相同的目标而组织起来的管理系统。在现代管理中，管理机构是管理主体的一个重要表现形式，是行使管理职能、实现管理目标的组织保证。

（二）管理客体

管理客体也就是管理对象。从管理资源的角度来说，户外运动管理客体主要包括以下几部分。

1. 人

管理客体中的“人”是相对于管理者来说的，其主要指的是被管理者，即接受和执行管理指令的各类人，他们构成户外运动管理的操作层与执行层。不过人是管理者还是被管理者并不固定。以户外运动俱乐部经理为例，对于俱乐部的管理中心而言他是被管理者，而对于俱乐部的员工而言他则是一名管理者。

2. 物

物主要是指户外运动的器材、设备与场地，它们是开展户外运动的前提和基础。对户外运动中的物进行管理的主要目的是提高器材、设备、场地在时间与空间上的使用效率，以延长它们的使用周期。

3. 财

财指的是户外运动的资金。在社会主要市场经济的背景下，户外运动的资金来源越来越多样化，对户外运动资金的管理主要分为户外运动资金的筹措以及户外运动资金的使用两方面。需要注意的是，在使用资金的过程中，要加快资金的运转，进而提高资金的使用效率。

4. 信息和时间

信息主要指的是户外运动过程中的各种指令、处理、反馈等。时间反映了管理的速度与效率，对时间的管理主要表现为对工作计划的制定、实施以及控制。

（三）管理中介

管理中介指的是在某种管理环境下，管理主体以实现管理目标为目的，利用管理职能向管理对象采取的管理手段。图 4－4 所示为主要的管理中介。

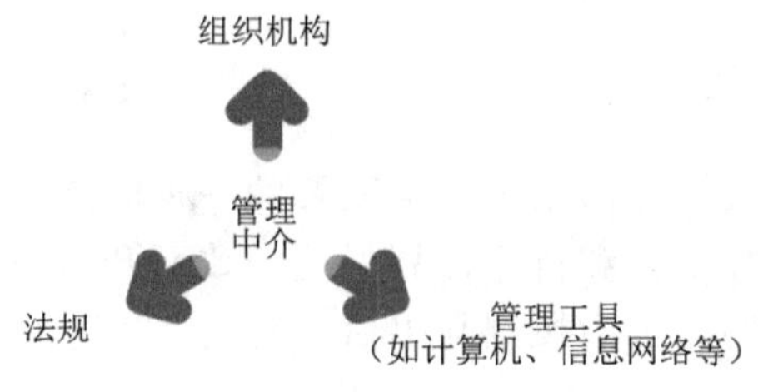

图 4-4　管理中介

（四）管理环境

户外运动的管理环境主要指的是管理的宏观环境，其不仅包括国家的经济、政治、文化、自然、法律等，还包括由这些因素决定的管理主体和管理客体之间的所述关系、经营关系等管理关系。作为管理系统的重要组成部分，管理环境对管理主体、管理客体、管理目标等的性质起着决定作用，此外，它还对采用何种管理方法、管理方式起着决定性作用。

二、户外运动的管理职能

户外运动的管理职能是管理本身的作用或功能，它职能的划分主要是由社会分工和管理的专业化程度决定的。户外运动管理职能与管理过程有着紧密的联系。下面介绍几种主要的户外运动管理职能。

（一）计划职能

在各种管理职能中，计划职能是最为重要的职能，其引申出了管理的其他职能。计划职能指的是通过预测树立科学合理的目标，然后将整个目标进行分解和计算，以此对人、财、物进行筹划，进而拟订具体的实施步骤、方法，制定出相应的政策、策略等各种管理活动。具体来说，计划职能主要包括图 4－5 所示的内容。

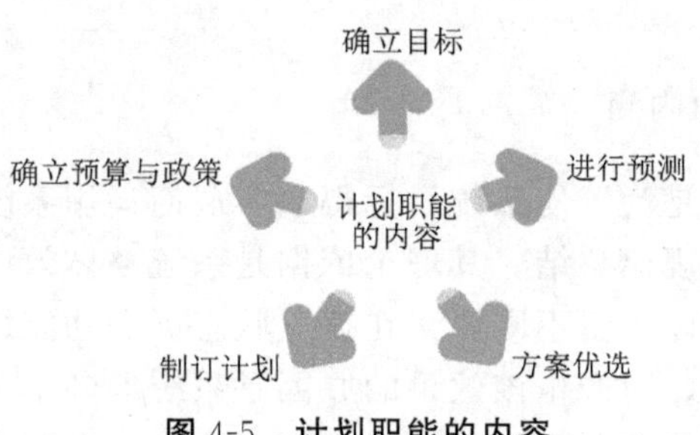

图 4-5　计划职能的内容

（二）控制职能

控制职能是现代管理活动中非常重要的一种职能，其指的是户外运动管理者为了确保实际工作和目标计划保持一致而开展的各种管理活动，其主要形式有事前控制、事中控制与事后控制等。

（三）组织职能

组织职能指的是确保计划有效执行以及决策目标顺利实现而开展的管理活动，它是管理职能的一个重要组成部分。组织职能主要包括两个方面：一是组织结构与表现形式，即为实现户外运动的目标所进行的组织机构设计；二是组织实施，即户外运动管理者对户外运动开展所需的各种资源进行科学合理的配置。

（四）协调职能

协调职能指的是通过对户外运动的过程施加影响，来确保户外运动管理者合理运用计划、控制、组织等不同职能，从而使管理目标得以顺利实现的管理活动。其主要包括捋顺管理关系、制定管理规范、划清职权范围等。

三、户外运动的管理原理

户外运动的管理原理是对大量管理实践的本质与规律的概括与总结，是户外运动管理现象的一种抽象。对户外运动管理原理的分析与研究可以对户外运动的管理行为进行科学指导，同时也有利于强化管理职能，提高管理效率。下面介绍户外运动的系统原理、人本原理和效益原理。

（一）系统原理

1. 系统原理的内涵

系统原理指的是为了使系统目标得以实现而运用系统理论，对管理对象进行系统分析与规律总结。其理论依据是系统整体效应的观点，即系统的整体功能之和可以大于不同要素在孤立状态下的功能之和，也就产生了“1＋1＞2”的效果，而产生该效果的原因是系统的各个要素在通过科学合理的排列组合以后能够形成新的有机整体，这是各个要素在孤立状态下不存在的新的特性、功能等，这就使得系统的整体功能被放大。而系统的规模越大、结构越复杂，通过对系统的科学管理，这种整体功能的放大就越明显。

2. 系统原理的应用

系统原理的应用要注意以下两个方面：一是要把握系统的整体性；二是使管理系统内部要形成相对封闭的状态。

其中，把握系统的整体性指的是在管理工作的过程中，管理者要在遵循整体规划的前提下对工作内容进行明确分工，且在分工的基础上进行有效综合。简单来说，就是从整体上把握好系统的目标、所处的环境以及所需的条件，在此基础上着手于局部，通过统筹协调，实现整体最优化。

需要注意的是，就系统目的的整体性而言，整体和局部之间存在着复杂的联系，通常情况下两者是统一的，对局部有益往往也对整体有益，不过有时候两者会出现矛盾，这种情况下，局部利益要服从整体利益。从系统功能的整体性来看，系统的总体功能并非各个要素的简单相加，而是大于各要素功能之和。所以，系统各要素的功能要服从系统整体的功能。

要使管理系统内部形成相对封闭的状态，这种封闭状态只限于系统内部，系统外部需保持开放状态，这是为了使系统内部与外部能够不断保持人、财、无、信息等的交流。在进行户外运动管理活动的过程中，以下几个方面必须保持封闭状态。

第一，户外运动管理组织机构（决策机构、执行机构、监督机构与反馈机构）要形成有效的封闭。具体来说，即作为管理起点的决策机构向执行机构与监督机构发出指令，之后执行机构认真贯彻指令，监督机构根据指令的内容对执行机构的执行情况进行监督和检查，反馈机构则是对指令的执行结果进行检查和加工处理，最后再将最终结果反馈给决策机构。决策机构在对反馈信息进行分析以后，会制定新的措施并发布新的指令，直到实现管理目标。

第二，户外运动管理的制度、法规要封闭。如果制度、法规不封闭就会出现各种漏洞，这就要求户外运动管理应涉及执行法、监督法、仲裁法、反馈法等多个立法。若是违法时间没有人来审理，这就意味着司法制度不是封闭的。

第三，户外运动管理中的人必须是封闭的。这主要体现在管理过程中一层管理一层，并对自己所在层负责，做到责、权、利保持一致，形成各层之间相互制约的机制。

（二）人本原理

1. 人本原理的内涵

人本原理即在管理的过程中坚持以人为本，即所有管理活动都应该以调动人的积极性、做好人的工作为根本。

因为管理最终是为了不断满足人们的物质与精神需要，实现人的全面发展，此外，人既是管理的主体，也是管理的客体中最重要的因素，管理手段与措施既作用于人，也需要通过人来发挥作用，所以，以人为中心的管理思想是现代管理理论的主流思想，坚持和运用以人为本的管理理念是现代管理的必然要求。

2. 人本原理的应用

人本原理的应用需要做到以下两点。

（1）选人、用人要做到人尽其才，能级对应

“能级”是物理学中的一个概念，指的是做功的大小，在现代管理中，人、机构等都具有不同的能量，而能量的大小代表了做功本领的强弱。能量能够分级，而科学的管理需要建立一个合理的能级，使不同的人处于与自身能力相匹配的能级中，这样才能人尽其才。在具体实施时，要做到以下几点：第一，要根据能级的层级按层管理，一般稳定的管理机构的层级应是正三角形（如图 4—6 所示）；第二，不同的能级要拥有不同的权利，要将权、责、利三者相结合；第三，各能级要动态的对应，量才用人，使人各尽其能，允许不同能级之间的人进行合理流动。

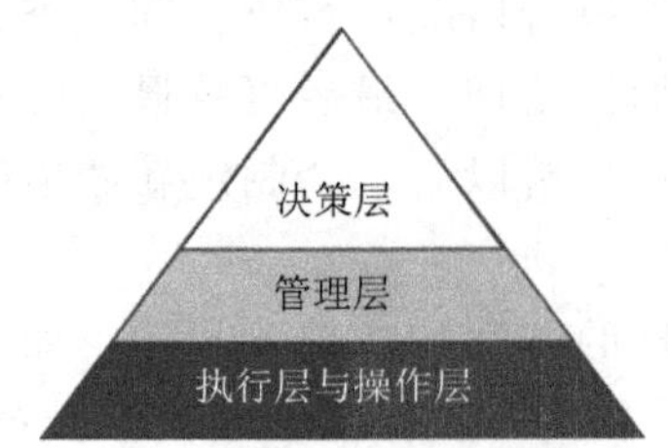

图 4-6　稳定的管理机构的层级构成

（2）要善于综合运用各种动力

要想推动管理活动持续有效的进行，就必须有强大的动力，因此，要建立能够调动人的积极性、主动性与创造性的有效的激励机制。通常来说，管理活动的进行需要依靠物质动力、精神动力和信息动力三种基本动

力。其中，物质动力是最基本的动力，物质基础决定上层建筑；精神动力是对物质动力的补充，其包括组织关心、受到尊重、远大的理想、爱国主义等；信息动力是指通过信息交流产生的动力，主义包括知识性动力、反馈性动力与激发性动力。需要注意的是，不仅要综合、协调运用这三种动力，还要处理好个体动力和集体动力的关系，此外，在进行动力刺激时要把握好“刺激量”，刺激量过小就起不到刺激的作用，而刺激量过大可能不利于今后的管理工作。

（三）效益原理

1. 效益原理的内涵

追求效益是管理的一个重要目的，效益原理即指的是通过科学合理地使用人、财、物、信息等资源来使管理的各项工作效率得到提高，以创造出最大的经济效益与社会效益。

效益代表了有效产出和投入之间的比例关系，对效益的考察可以从经济与社会两个层面进行。经济基础是社会效益的基础，而社会效益是经济效益得以提高的重要条件，我们在户外运动管理的过程中，要将二者有机地结合起来。

2. 效益原理的依据

效益原理的理论依据是价值工程，它是研究技术经济效益的科学，即研究技术与经济的有效结合，使二者的综合效果达到最佳状态。管理活动的开展，既要考虑如何去做（技术问题），还要考虑需要花费多少费用（经济问题）。从经营的角度来说，经营者要做到以下两点：一是提高产品质量、增加工作服务功能，使社会要求得到满足；二是提高对资源的合理有效利用，减少资源浪费来降低成本。后者是提高技术经济效益的关键，也是企业经营成败的关键。价值工程理论能够通过以下公式来表示：

$$\text{价值（V）}=\frac{\text{功能（F）}}{\text{成本（C）}}$$

3. 效益的评价

效益的评价没有绝对的标准，因为评价主体、评价角度、评价方法等不同，得出的评价结论也存在较大差异，有时甚至得出相反的结论。不过对效益公平客观的评价是实现有效管理的首要要求，这是因为评价的结果会对效益的追求产生直接的影响。

一般而言，专家对全局的把握较好，其评价具有较高的权威性，得出的结论对组织的影响通常也比较大，不过其缺点是评价得不够具体细致；群众评价会比较公正，不过得出的评价结果花费的时间与费用也比较多。由于不同的评价都有一定的优缺点，因此，为了得出公平客观的评价就要将不同的评价进行综合运用。

四、户外运动管理的基本方法

户外运动的管理不仅需要规范的、强制性的行政方法与法律方法进行支撑，也需要灵活的经济方法进行调节，此外还需要宣传教育的方法进行疏导。下面将对户外运动管理的四种基本方法进行论述。

（一）行政方法

行政方法即依靠行政组织的权威性，按照行政系统的规范，通过行政组织中的职位和职务并采取行政手段进行管理的方法。下面对行政方法的特点和运用进行介绍。

1. 行政方法的特点

（1）权威性

权威性表现在行政方法依托的是管理机关与管理者的权威，不过权威不能是依靠职位带来的权利来强化的，而是必须以管理者自身的领导素质与才能来增强与强化的。

（2）强制性

行政方法的强制性表现在管理者通过各种行政指令指挥和控制管理对象，而上级组织发出的指令，下级机关需要无条件贯彻执行。不过，行政方法的强制性并非官僚主义的强迫命令，而是要求人们在思想上与行动上服从统一管理，在原则上要保持高度一致，在具体的方法上则可以灵活多变。

（3）针对性

行政方法的针对性也称作具体性，其表现在从行政发布对象到命令的内容都是具体的，在实施的具体方法上也会针对不同的目的、对象等而发生变化。因此，行政指令通常都是针对某特定对象并在一定时间内起作用，其具有明显的指向性与实效性。

（4）垂直性

行政方法是通过行政层次、行政系统来实施管理的，这实际上是一种纵向垂直管理。一般而言，行政指令都是自上而下下达的，下级组织和领导人通常只接受其行政上级的指挥与领导，对于横向的指令则大多不予理睬。

2. 行政方法的运用

运用行政方法的优点主要包括以下几点：首先，可以使组织内部形成统一的目标和思想，并使行动保持一致，这有利于有效贯彻执行上级的政策、方针，进而有效控制全局活动；其次，可以强化管理，使各部门之间紧密配合，这有利于管理职能的发挥；最后，可以灵活处理管理一些特殊问题。

要想使行政方法充分发挥作用，需要做好以下几个方面：第一，管理者要充分认识到行政方法的本质是服务；第二，领导者的素质与能力水平会对行政方法的管理效果产生制约，领导者必须重视提高自身的素质与能力；第三，要有一个有效、灵敏的信息系统，这有利于领导者及时获取信息，也有利于将上级的行政命令、反馈信息、预测信息等迅速有效地传达给下级领导者。

（二）法律方法

法律体现了统治阶级的意志，是国家制定或认可的，以国家强制力来保证实施的行为准则的总和。法律方法的内容既包括各种法规，还包括相应的司法工作与仲裁工作。下面对法律方法的特点和运用进行介绍。

1. 法律方法的特点

(1) 规范性

法律是具有立法权的国家机关按照法定程序制定、颁布的规范性文件，其通过准确、简明扼要的法律语言，对组织与人们的行为准则进行规定。法律方法最重要的特点就是规范性。

(2) 强制性

国家法律一经颁布，国家机器（警察、军队、法庭等）就会对组织或个人的违法犯罪行为进行相应的制裁，其以法律为手段，具有强制性，这是法律对人们行为的强制约束。

(3) 预防性

国家制定法律除了在事后对违法者进行惩罚，更是为了在事前对人们进行指导和教育，以使人们能够自觉守法，进而预防犯罪行为的发生。因此，法律方法具有预防性的特点。

2. 法律方法的运用

法律方法有利于保证正确的管理秩序，调节管理因素之间的关系，并使管理活动朝着制度化、规范化的方向发展。不过，法律方法具有双重作用，其既能够起到促进作用，也会阻碍管理活动的进行。例如，当制定和颁布的法律法规符合客观发展规律，那么其就能够促进户外运动的发展，反之就会阻碍户外运动的发展。当法律方法缺乏弹性与灵活性时，管理就会僵化，这十分影响基层组织主观能动性的发挥，此时管理者要通过其他管理方法进行调整，将法律方法与其他管理方法综合起来使用。

（三）经济方法

经济方法指的是通过经济手段，按照经济发展规律的客观要求，对不同经济主体的利益关系进行调节，以使管理目标得以实现的方法。经济手段包括宏观经济手段（价格、税收、信贷等）与微观经济手段（工资、罚款、奖金等）。下面对经济方法的特点和运用进行介绍。

1. 经济方法的特点

（1）调节手段的灵活性

经济方法调节手段的种类很多，根据不同的情况，管理者可以灵活选择合适的调节手段。

（2）调节作用的间接性

经济方法调节作用的间接性主要体现在以下两个方面：一是经济方法不能直接对人们的行为进行干预，只能通过对经济利益的调节来对人们的行为进行引导；二是经济方法的运用要借助市场机制来实现，其需要市场作为媒介。

（3）调节对象的利益性

经济方法是利用利益机制来引导被管理者追求某种利益的一种管理方法。所以，只有涉及经济利益时，经济方法才能发挥作用，对于不涉及经济利益或不以经济利益为主的领域，经济方法就无法发挥作用。

（4）调节效果的平等性

经济方法认可被管理的个人或组织在获取利益上是平等的，在运用经济手段时，如果情况相同，那么这些经济手段要对所有被管理者起到相同的作用，不能区别对待。

2. 经济方法的运用

经济方法有利于提高经济效益，强化管理职能和客观公正地评价管理效果，同时它给予管理客体一定的自主权，有利于适当分权，这有利于调动人们工作的积极性。

在社会主义市场经济条件下，经济方法是十分重要的一种管理方法，不过其也具有一定的局限性。在经济方法的实际运用过程中，要注意以下几点：第一，注意经济方法的应用范围与限度；第二，注意将经济方法和其他管理方法结合起来运用。

（四）宣传教育方法

宣传教育方法指的是以宣传、教育这种非强制性的方式，让人们朝着共同的目标行动的方法。采取该方法的客观依据是人们对思想活动的发展规律有正确的认识。下面对宣传教育方法的特点和运用进行介绍。

1. 宣传教育方法的特点

（1）先行性

所有管理决策的实施都要先向群众进行宣传和教育。这既是为了让群众对决策有深入的了解，为决策的实施奠定基础，也是为了对人们可能产生的反应提前进行预测，进而采取相应的措施进行预防，在强化宣传教育正面效应的同时，对群众的不良反应进行抑制。

（2）疏导性

宣传教育的开展要重视启发人们的自觉性，要动之以情、晓之以理，对一些思想问题要注意因势利导，对人们的行为进行引导，这样宣传教育才能起到良好的实际效果。

（3）灵活性

人们的思想十分复杂且很容易发生变化，而引起人们思想发生变化的因素有很多，且这些因素往往相互交织在一起发挥作用。此外，管理对象不同，所处的时期也不同，人们的性格类型、价值观念、需求等都不尽相同。所以，宣传教育工作要根据具体情况来灵活确定管理的具体内容和方法等，这样才能保证宣传教育取得理想效果。

（4）滞后性

滞后性在思想教育中十分明显。思想教育工作大多是在事情有苗头或事情发生以后进行，这与人们的认识对客观事物的反应这一规律是一致的。根据宣传教育的滞后性特点，管理者要对已经发生的问题进行客观分析，然后以理服人，从而落实人们的思想教育工作。

2. 宣传教育方法的运用

在户外运动管理中，管理者自身首先要对现有形势的发展有正确的认识，在运用宣传教育方法时，管理者必须掌握人们的思想活动规律，对户外运动工作人员的思想活动的特点与规律进行研究，然后有针对性地做好思想教育工作；其次，管理者要清楚，尽管外界客观条件对人们的思想会造成较大的影响，但在人们主观能动性的作用下，人们可以有选择性地对待客观环境的影响。需要注意的是，管理者在运用宣传教育方法时，要对人们的主观因素进行分析，要重视激励人们主动接受教育和自我教育，使人们的思想朝着健康的方向发展，此外，管理者要引导人们正确处理个人、集体以及国家三者之间的利益关系，帮助人们树立正确的目标，以正确的目标引导人们的行为。

第五章　户外运动的营销分析

户外运动营销是营销学在户外运动市场领域中的重要应用。本章以户外运动营销为对象，首先对户外运动消费者的行为进行分析，其次对户外运动市场的细分和定位进行论述，最后对户外运动营销调研进行具体介绍。

第一节　户外运动消费者行为分析

户外运动是一项需要花费大量金钱与时间的运动方式，一般来说，当今社会可以参加户外劳动的群体通常都具有以下特点：具有一定的经济实力、珍惜休闲时间、对新事物感兴趣、喜欢冒险、自主意识较强、热爱生命。

要想户外运动营销能够顺利进行，就必须深入分析户外运动消费者的行为。本节首先对户外运动消费者行为进行整体的概述，其次对户外运动消费者的决策过程进行论述，最后对影响户外运动消费者行为的因素进行具体的分析。

一、户外运动消费者行为概述

下面从户外运动消费者行为的含义和特点两个方面对户外运动消费者行为进行整体的概述。

（一）户外运动消费者行为的含义

户外运动消费者行为是消费者行为的一种，要想了解户外运动消费者行为，就必须先清楚消费者行为的含义。消费者行为指的是消费者为了满足自己与其家庭成员的生理需求或心理需求而购买消费品的行为。

户外运动消费者行为指的是户外运动消费者在购买户外运动消费品的决策过程中所产生的各种生理活动与心理活动的总称。具体来说，户外运动消费者的生理活动是指其购买行为，即户外运动消费者以支付货币的形式取得户外运动产品或服务时的选择过程；户外运动消费者的心理活动主要包括户外运动消费者产生需求、需求变化以及购买动机等活动。

事实上，户外运动消费者行为不仅是一种简单的购买行为，而是一个连贯的过程，其分为若干个阶段，在每一个阶段中，户外运动消费者行为都呈现出一定的特点。而户外运动营销的重要内容，正是对户外运动消费者行为的阶段及其对应特点的分析研究。

（二）户外运动消费者行为的特点

要想分析户外运动消费者行为的特点，就要先了解户外运动消费需要的特点，然后再具体探究户外运动消费者购买动机的类型和购买行为的类型与特点。

1. 户外运动消费需求的特点

户外运动消费者的行为是一个过程，在此过程中的不同阶段，消费者的行为会呈现出不同的特点，而对消费者行为特点的分析与研究，可以帮助户外运动企业经营者做好市场细分与市场选择，这样企业在进行营销活动时就可以更具有针对性。

根据美国心理学家马斯洛提出的需求层次理论，人的需求分为五个层次（如图 5-1 所示），这些需求会随着社会经济、科技的发展以及个人收入水平的提高而由低级向高级发展。

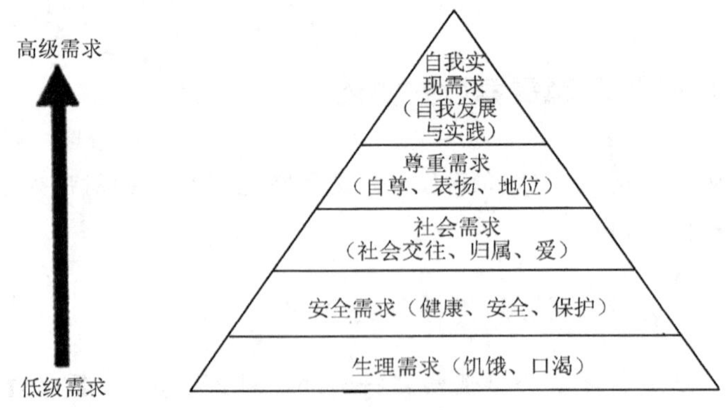

图 5-1　马斯洛需求层次理论

从户外运动消费需求的角度出发，不同层次户外运动产品与服务对应的需求动机如表5-1所示。但是，只有当低一级的需求得到满足以后，人们才会产生更高一级的需求。

表5-1　不同层次户外运动产品与服务对应的需求动机

户外产品类别	需求层次	运动技能
户外运动专用低脂食品、锻炼用品	生理需求	走、跑、跳等生存技巧
户外运动的保健品、器材、护具等	安全需求	野外生存等生活技能
户外运动的营养品、服装等	社会需求	户外活动等社交活动
个人专项户外运动与竞赛用品	尊重需求	户外运动的专项运动技术
户外运动教育、户外运动训练	自我实现需求	个人户外运动技巧

总体来说，户外运动消费需求属于一种高层次的消费需求，其主要包括以下四个特点。

第一，差异性。从微观的角度来说，户外运动消费者在年龄、性别、收入水平和文化程度等方面具有较大的不同，这使得他们的消费需求也存在差异；从宏观角度来说，地理位置、经济发展水平不同的地域，其户外运动消费者的消费需求也存在差异。

第二，伸缩性。户外运动消费需求受个人可支配收入水平、社会经济环境变化和产品价格变动等因素的影响，会出现增加或减少的变化，这其实就是消费需求的可伸缩性。

第三，层次性。每一名户外运动消费者都有不同的个性与消费观念，这也使得不同的消费者会产生不同层次的消费需求。

第四，可诱导性。户外运动企业会通过各种营销手段如广告宣传、推销、促销等，来刺激、诱导户外运动消费者产生消费需求。

2. 户外运动消费者购买动机的类型

除了一般消费者求实、求名、求美等基本购买动机，户外运动消费者的购买动机还表现出以下几种特有动机，如图5-2所示。

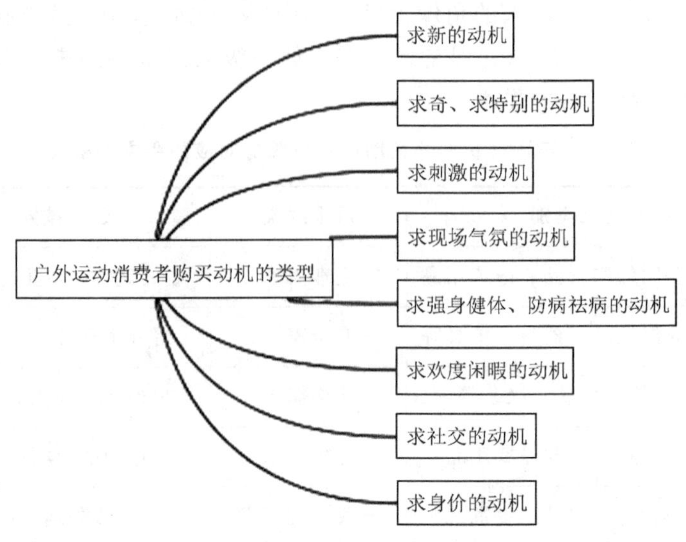

图 5-2　户外运动消费者购买动机的类型

3. 户外运动消费者购买行为的类型和特点

户外运动消费者购买行为主要包括以下五种类型，其特别如下所述。

第一，理智型，即户外运动消费者在购买户外运动产品或服务时有主见，冷静慎重。

第二，冲动型，即户外运动消费者在购买户外运动产品或服务时没主见，容易受外界影响和冲动情绪支配。

第三，情感型，即户外运动消费者在购买户外运动产品或服务时容易受个人情感支配，比较重视产品的外观、颜色、式样、品牌等。

第四，经济型，即户外运动消费者在购买户外运动产品或服务时对价格比较敏感，容易受经济因素影响。

第五，群体型，即户外运动消费者在购买户外运动产品或服务时具有从众心理，缺乏主见，容易受人怂恿，对自己的购买欲望没有明确的界定。

二、户外运动消费者的决策过程

户外运动消费者的决策过程主要分为六个阶段，具体如图 5-3 所示。

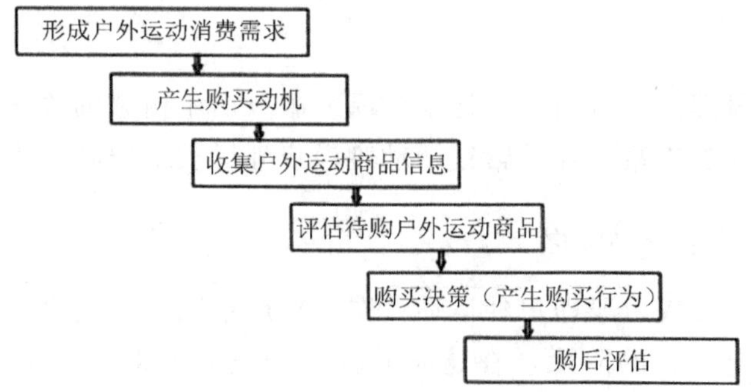

图 5-3 户外运动消费者行为的六个阶段

（一）形成户外运动消费需求

户外运动消费者购买决策过程的开始就是户外运动消费需求的形成，其形成原因是户外运动消费者在某种刺激下产生的、对还没有得到满足的户外运动消费的心理紧张感。引发户外运动消费需求的刺激，既可能来自人体内部机能的感受，如因为在户外活动中感到寒冷而想要购买一件户外冲锋衣来御寒；也可能来自外部条件的刺激，如在外出旅游时发现他人背着的户外背包方便、实用且时尚，于是自己也产生了购买一个户外背包的想法。当然，户外运动消费需求的形成也可能是内部因素与外部因素同时作用的结果。因此，户外运动企业要根据户外运动消费者需求产生的原因来生产能够满足消费者需求的商品，这样才能使消费者产生消费需求，同时，企业可以通过适当的商品包装、广告推广、现场演示产品性能等方式强化消费者的购买动机。

（二）产生购买动机

当户外运动消费者有了消费需求后，在生理、社会、经济等因素的刺激下，他们会产生购买户外运动产品或服务的动机。户外运动消费者购买动机的形成主要经过以下三个阶段。

1. 注意阶段

注意阶段即消费者对户外运动产品或服务产生注意的阶段，它是户外运动消费者购买动机形成的基础。一般来说，企业的营销人员会通过宣传或展示户外运动产品来引起消费者对户外运动产品与服务的注意。

2. 情感阶段

情感阶段即消费者对户外运动产品或服务产生情感的阶段，在这个阶段，企业会开展丰富多样的营销活动刺激户外运动消费者产生购买兴趣。

3. 购买意志形成阶段

购买意志形成阶段即户外运动消费者在产生购买兴趣之后决定购买户外运动产品或服务的阶段，在这个阶段，经过企业对户外运动产品的宣传，消费者产生了购买户外运动产品的意志，并最终产生购买行为。

（三）收集户外运动商品信息

如果户外运动消费者购买动机很强烈，为了做出明智的购买决策，他们就会通过不同的途径来收集想要购买的户外运动商品的相关信息。户外运动消费者收集户外运动商品信息的途径主要包括以下几种。

第一，来源于户外运动消费者的经验。如户外运动消费者过去购买户外运动商品的经验，或是户外运动消费者在参加户外运动现场销售活动中的观看、触摸、体验等。

第二，来源于与户外运动消费者相关的团体。户外运动消费者会从了解或购买过户外运动商品的亲朋好友、熟人、同事等处收集户外运动商品的相关信息。

第三，来源于户外运动市场。即户外运动消费者通过户外运动商品的宣传广告、户外运动俱乐部、户外运动产品展销会等收集户外运动商品的相关信息。

第四，来源于部分公共组织。如大众传媒、户外运动协会等公共组织。

对户外运动企业而言，他们必须对户外运动消费者获取信息的来源进行充分的了解，同时还要掌握户外运动消费者信息来源的主要渠道以及户外运动消费者对收集到的信息的信任程度，在此基础上，企业才能有针对性地设计户外运动商品和开展广告宣传活动。此外，企业可以通过良好的口碑宣传来影响户外运动消费者的购买决策，从而提高产品的销售。

（四）评估待购户外运动商品

评估待购户外运动商品指的是户外运动消费者整理、分析收集到的户外运动商品相关信息的过程。户外运动消费者会通过对所收集到的户外运动商品信息的整理，制定出若干种商品购买方案，然后再对不同的购买方案进行比较分析，做出评估。每一名户外运动消费者对户外运动商品的评价标准也不相同，以户外鞋的评估为例，不同的户外运动消费者对同一款户外鞋的评价标准并不相同，有些消费者更重视户外鞋的防滑性、防水性，有些消费者则更偏向于户外鞋的透气性、耐磨性等。总体而言，户外运动消费者对户外运动产品或服务的评估主要包括以下几点。

1. 户外运动产品或服务的属性

户外运动产品或服务的属性指的是户外运动产品或服务可以满足消费者某种需求的特征。户外运动消费者对户外运动产品或服务感兴趣的属性是不同的，而户外运动产品或服务的不同属性也有利于满足不同消费者的不同需求或同一名消费者的多重需求。但是，并非户外运动产品或服务的属性越多，户外运动消费者的满意度就越高，他们往往更加重视户外运动产品或服务的性价比，即户外运动产品或服务各种性能组合与产品价格之间的比例关系。

2. 户外运动产品或服务的价格

在实际生活中，每一种产品的全部属性不可能都是最优的，而消费者对产品不同属性的重视程度也不是相同的，他们通常会从满足自身需求的角度出发，在分析了产品的各种属性之后，根据自己心中的价格对户外运动产品或服务的价格进行评估。

3. 效用函数

效用函数指的是消费者从消费既定商品中得到的满足程度。消费者可以通过效用函数，来对各品牌的户外运动产品和服务的各种属性所带来的不同效用做出整体的评价，从而选出自己理想的产品。

（五）购买决策（发生购买行为）

通过对户外产品的评估与判断，消费者会对某种户外运动产品产生一定的偏爱，进而就会做出购买决定。消费者从做出购买决策到实施购买行为，不仅会受其自身因素的影响，还会受以下因素的影响。

1. 他人的态度

他人的态度是影响消费者做出购买决策的一个重要因素，例如，一名消费者想要为父亲购买一双户外鞋，如果父亲持反对态度，那么这名消费者很可能会放弃或改变这双户外鞋的意向。一般来说，他人劝告可接受性强度以及他人反对态度的强度的大小，会对消费者购买决策产生不同程度的影响。

2. 意外状况

意外状况指的是消费者在作出购买决策后发生的意外事情。例如，户外运动产品的价格大幅上涨，户外运动产品销售人员态度的转变等。

3. 预期环境因素

产品的价格与预期利益、消费者本人的收入水平等因素都会对消费者的购买决策产生影响，而消费者一般可以预测到这些影响，因此，这些可以预测到的因素也被称为预期环境因素。

（六）购后评估

户外运动消费者在购买户外运动产品之后，自己会对该产品进行评价，或者询问他人对该产品的评价，这都属于购后评价。购买了产品并不代表消费者的购买行为过程已经彻底结束，因为其是否满意自己所购产品，之后会采取哪些后续行为都会对户外运动企业现在以及未来的营业活动造成不小的影响。如果消费者购买产品后感到满意就会产生好的购后评价，那么，他自己可能会再次购买该企业生产的产品，同时也会向相关群体推荐该企业的产品。若是消费者对购买的产品感到不满意，他很可能会要求退货，更甚者还会采取公开或私下的行为来发泄自己的不满，这必然会对户外运动企业产生不好的影响。

所以，户外运动消费者购买产品之后的感受与评价，不仅决定了其是否会继续购买该企业的产品，还会对他人的购买行为产生影响，这些都会影响到户外运动企业的信誉与形象。

三、影响户外运动消费者行为的因素

影响户外运动消费者行为的因素主要包括以下几点。

（一）户外运动消费者自身的因素

影响户外运动消费者行为的自身因素主要包括户外运动消费者自身的职业与文化水平、年龄与性别、个性与爱好、家庭经济状况等。其中，户外运动消费者自身的职业与文化水平差异，会使他们对户外运动产品的评价在价值观上存在较大差异；户外运动消费者年龄与性别的差异，导致他们的消费需求与消费欲望也会不同，这就形成了不同的消费层次和消费结构；户外运动消费者的个性与爱好差异，使得他们在购买户外运动产品时会倾向于购买个人偏爱的款式、颜色、品牌等；户外运动消费者的家庭经济状况主要包括家庭储蓄、家庭可支配收入水平、家庭借贷能力等，而消费者的家庭经济状况又对消费者的消费需求、支出能力、支出结构有着很大的影响，最终也会影响到消费者的实际购买行为和实际购买力。

（二）户外运动消费者相关群体的因素

户外运动消费者相关群体对户外运动消费者的消费行为有着重要影响，有些情况下甚至起到决定性影响。户外运动消费者相关群体可分为直接相关群体与间接相关群体两种，具体如下所述。

1. 直接相关群体

户外运动消费者的直接相关群体是指对户外运动消费者的消费行为产生直接影响的个人或组织。这些个人与组织主要包括家庭、亲朋好友、同事、邻居等。其中，家庭购买决策的类型主要包括丈夫决策型、妻子决策型、各自决策型以及协商决策型四类。

2. 间接相关群体

户外运动消费者的间接相关群体是指与户外运动消费者未曾接触或接触并不密切，但又对其行为有一定影响的个人或组织。户外运动消费者的间接相关群体一般包括户外运动商品品评者和潮流导向者两类。其中，户外运动商品品评者指的是专门对户外运动产品发表建议的人，他们通常比较熟悉户外运动产品，对产品的评价比较中立，容易令人相信和接受；潮流导向者则指的是户外运动领域中的知名人物，如珠穆朗玛峰登顶者、攀岩冠军等。

（三）户外运动企业自身的因素

户外运动企业在对影响消费者行为因素进行分析的同时，也要重视企业自身因素对户外运动消费者的反作用。户外运动企业自身的因素主要包括户外运动的产品形象、企业形象和企业的销售服务工作。

具体来说，户外运动的产品形象是企业在经营和竞争环境中塑造企业形象的重要手段。企业的形象是企业文化建立的核心，对企业在市场中的竞争有着直接的影响，良好的企业形象可以提高企业在消费者心中的地位，进而对消费者的购买行为产生积极的影响。户外运动企业的销售服务工作主要包括售前服务、售中服务和售后服务，售前服务要保证沟通到位，准确理解消费者需求，以促成消费者的购买行为；售中服务则是企业营销人员与消费者进行直接接触的阶段，营销人员的言行就代表了企业的整体形象，良好的服务形象可以加深消费者对企业产品的印象，也有利于为企业树立良好的口碑；售后服务对于企业的长远发展是十分重要的，良好的售后服务可以提升消费者对企业品牌的忠诚度，进而提升再次消费的可能性。

事实上，除了上述提到的因素外，户外运动消费者行为还受到闲暇时间、气候条件、大众传媒的炒作、其他文化消费市场竞争等因素的影响。户外运动企业只有对影响户外运动消费者的各因素进行全面的分析和研究，才能在企业经营活动中掌握主动权，进而获得良好的社会效益与经济效益。

第二节　户外运动市场细分与定位

本节主要从户外运动市场细分的角度出发，首先介绍户外运动市场细分的概念与意义，其次阐述户外运动市场细分的依据，最后具体分析户外运动市场细分后的市场定位。

一、户外运动市场细分的概念与意义

（一）户外运动市场细分的概念

要想对户外运动市场细分的概念进行界定，必须先了解什么是市场细分。一般来说，市场具有很多的特点，根据这些特点，市场被分割成几个性质不同的组成部分，每个部分也就组成了一个细分市场。而这也同样适用于户外运动市场。因为没有一个户外运动企业可以满足全部户外运动市场和所有户外运动者的需求，所以，对户外运动市场进行细分是十分必要的。

事实上，户外运动市场细分就是通过对户外运动市场的调查，然后按照户外运动者在行为习惯和需求等方面的差异，将整个户外运动市场划分为不同户外运动者群的过程。具体来说，户外运动企业的市场细分主要包

含以下几层含义。

第一，细分市场不同，消费者群的消费特征也有所不同。户外运动的不同细分市场代表了不同的户外运动消费者群，这些消费者群中的消费者有着不同的户外运动需求，这就会对户外运动企业的营销行为产生不同的影响。如根据年龄层次分类，可将户外运动市场细分为儿童户外运动市场、青少年户外运动市场、中年户外运动市场和老年户外运动市场；而按照消费者的经济条件与消费等级分类，可将户外运动市场细分为豪华型户外运动市场、标准型户外运动市场和经济型户外运动市场。

第二，同一细分市场内消费者群的需求、消费特征及其对企业营销行为的反应等十分接近。将户外运动市场按照某个特定标准细分后，该细分市场内的消费者一般具有相似的购买需求和购买欲望，他们对户外运动企业的市场营销行为也具有相似的反应，例如，一些男青年群体参加了攀岩、溜索等具有刺激性的户外运动，其他一些男青年受其影响也会产生相同的户外运动需求。

第三，户外运动市场细分是分解与聚合的统一。户外运动市场细分并非将一个整体客源市场简单地进行分解，而是根据户外运动者群体的不同消费需求按细分因素进行归类，然后再聚合为一个细分市场，这样有利于集中资源进行市场的开发与拓展，使资源的利用率最大化。市场聚合的过程，其实就是将对某种产品特点最容易做出反应的消费者集合成一个以实现企业利润最大化目标的消费者群。

（二）户外运动市场细分的意义

户外运动市场细分的意义主要包括以下几点。

1. 有利于户外运动企业明确自己的经营总方针

户外运动企业的经营总方针集中体现了企业的经营战略和策略决策。简单来说，户外运动企业的经营总方针的核心问题是企业的服务重点与服务方向是什么，而企业服务重点与服务方向的确定需要借助市场细分来实现。因为科学的市场细分可以帮助户外运动企业选择适合本企业的服务对象与经营方向，进而确定本企业的经营总方针。

2. 有利于户外运动企业找到最佳的市场机会

户外运动市场营销机会是指在户外运动市场中出现，但还没有得到满足或没有得到充分满足的户外运动需求。人们对户外运动服务需求是不同的，任何一家户外运动企业的优势都不是绝对的，而是相对的。因此，户外运动市场上存在很多市场机会，如何使这些市场机会成为户外运动企业的最佳市场机会，主要取决于户外运动资源的潜力、市场的选择性与适应性。通过市场细分，户外运动企业可以在对细分市场的购买潜力、竞争情况等进行对比分析后，选择适合本企业资源潜力的最佳市场机会，然后在此基础上编制新产品开拓计划，进行产品技术革新，开拓新市场，进而从众多企业的市场竞争中脱颖而出。

3. 有利于户外运动企业选择合适的目标市场并制定相应的市场营销策略

户外运动企业的经营效益主要取决于户外运动客源的数量和产品的价格水平，在买方市场环境条件下，各户外运动企业会为争夺客源而展开激烈的市场竞争。为了提高自身的竞争力，户外运动企业可以通过市场细分找到目标群体的需求特点来对企业的产品结构、产品内容、产品方向进行调整，这样有利于户外运动企业从粗放型经营转变为集约型经营，从而使企业扩大自己的经营优势，提高自己的市场竞争能力，进而增加企业的经济效益。

4. 有利于户外运动企业贴近消费者需求

因为户外运动消费者的消费需求会因自身因素、环境因素等的变化而发生变化，而对这些消费需求的深入分析是户外运动企业认清市场的重要方式。户外运动市场细分可以为户外运动企业提供有效的分析工具，帮助企业认清不同细分市场的特点以及不同细分市场之间的联系与区别，这样企业就能提供更加贴近消费者需求的产品或服务。

二、户外运动市场细分的依据

由于户外运动市场上的购买者是不同的，因此，户外运动市场可以分为户外运动个人消费者市场和户外运动组织市场两大类。下面对这两类户外运动市场细分的依据进行具体分析。

（一）户外运动个人消费者市场细分的依据

户外运动个人消费者市场是由为满足自己和家庭成员特定需要而购买户外运动产品和服务构成的市场。仅仅根据有形产品与无形产品来区分户外运动个人消费者市场是难以满足具有较大差异的消费者需求的。因此，户外运动企业在市场营销实践中通常会综合考虑人口、地理、心理、行为等多种变量来对户外运动市场进行细分。

1. 根据人口变量来细分市场

户外运动企业如果根据人口变量来细分市场，主要需要考虑户外运动者的年龄、性别、家庭生命周期、个人收入水平、个人职业与受教育水平等人口变量。其中，从年龄的角度来说，户外运动消费者可分为儿童、青少年、成年和老年四种类型。从性别的角度来说，户外运动消费者可分为男性消费者与女性消费者两种类型。从家庭生命周期来说，家庭根据婚姻状况与子女状况可划分为七个阶段：单身阶段、新婚阶段、满巢阶段 1、满巢阶段 2、满巢阶段 3、空巢阶段和孤独阶段。这七个阶段的具体特点如表 5-2 所示。

表 5-2　家庭生命周期七个阶段的特点

阶段名称	特征	对户外运动的偏好
单身阶段	未婚，年轻	消费观念很新，喜欢娱乐导向型户外运动产品
新婚阶段	年轻夫妻，无子女，经济压力相对较小，购买力较强	对异地户外运动的需求很大
满巢阶段 1	年轻夫妻，有六岁以下子女，不满足现有的经济状况，重视储蓄	有户外运动的欲望，但需求不强
满巢阶段 2	年轻夫妻，有六岁以上未成年子女，经济状况良好	购买行为取向理智型，受广告和其他市场营销刺激的影响较小，偏向于较高档次的户外运动项目
满巢阶段 3	年长夫妻，与成年子女同住，夫妇或子女都有工作，经济状况良好	购买户外运动产品十分冷静、理智，会根据自己和家庭需要购买户外运动产品
空巢阶段	年长夫妻，子女离家自立，前期收入较高，购买能力强，后期退休后收入减少	多由子女引导消费和安排户外运动活动
孤独阶段	单身老人独居，收入锐减，有着强烈的情感和关注的需要	偏好探亲访友的户外运动

2. 根据地理变量来细分市场

根据地理变量来细分市场是指根据消费者所处的地理位置和自然环境来细分户外运动市场。例如，按照户外运动输出国和接待国之间的距离，可将户外运动市场细分为远程户外运动市场与近程户外运动市场两类；而按照户外运动者的国际流向，可将户外运动市场细分为机会市场、一级市场和二级市场。需要注意的是，不能单单以某一个地理特征来对户外运动市场进行细分，这样消费者需求的共性和个性难以真正得到区分，企业在选择目标市场时仍要结合其他细分变量进行综合分析。

3. 根据心理变量来细分市场

根据心理变量来细分市场，即根据户外运动消费者的个性特点、生活方式及其所处的社会阶层等心理因素来对户外运动市场进行细分。户外运动者的户外运动动机、户外运动习惯、兴趣爱好等都体现出户外运动者不同的心理特征，户外运动企业可以根据这些心理特征差异对户外运动市场进行细分，从而形成不同特色的户外运动市场。

4. 根据行为变量来细分市场

行为变量细分是指根据户外运动消费者对产品的了解程度、态度、使用情况和反馈等将他们分为不同群体的方法。根据行为变量对户外运动市场进行细分主要需要考虑以下几个方面：消费者的购买时机、消费者对产品的态度、消费者对利益的追求、消费者对品牌的忠诚度、消费者的购买数量或频率等。

（二）户外运动组织市场细分的依据

户外运动组织市场是由所有非个人消费者的团体组织构成的市场。由于户外运动组织市场和消费者在购买动机和购买行为上具有较大差异，因此，户外运动组织市场会根据消费者购买决策阶段和消费者采购标准来对市场进行细分。

1. 根据消费者购买决策阶段来细分市场

根据消费者在购买决策中所处的不同阶段，户外运动组织市场可分为以下三个细分市场。

①针对潜在购买者的市场。该市场中户外运动消费者还没有购买过户外运动产品。

②针对新手购买者的市场。该市场中的户外运动消费者购买过户外运动产品，但他们对户外运动行业的情况并不是特别了解。

③针对多次购买者的市场。该市场中的户外运动消费者已多次购买过户外运动产品，对户外运动产品、供应商、企业采购业务等都比较精通。

2. 根据消费者采购标准来细分市场

消费者的采购标准指的是消费者在采购的过程中对产品质量、服务和价格的要求程度。根据消费者的采购标准来对户外运动市场进行细分，可将其分为以下四个细分市场。

第一，针对程序购买者的市场。在该市场中，消费者将购买产品当作一项常规工作，他们愿意全价购买，接受低于一般水平的服务，这种细分市场有着较高的利润空间。

第二，针对关系购买者的市场。在该市场中，消费者认为产品的重要程度一般，他们愿意接受较低的价格与中等水平的服务，只要供应商提供的产品价格、产品质量和服务变化不大，他们就会有较高的忠诚度，这种细分市场的利润也比较高。

第三，针对交易型购买者的市场。在该市场中，消费者认为户外运动产品的选择会对企业自身经营产生重要影响，因此他们对产品的质量、价格和服务十分敏感。户外运动企业会通过较高的折扣和超出一般水平的服务来吸引户外运动消费者，这种细分市场的利润偏低一些。

第四，针对讨价还价型购买者的市场。在该市场中，消费者对户外运动各厂商的销售条件很熟悉，因此，他们认为供应商要提供最高的价格折扣与最高标准的服务，并在购买户外运动产品时喜欢讨价还价，如果一家供应商的服务不能使他们感到满意，他们就会选择另外一家供应商。与其他细分市场相比，这种细分市场的利润要低一些。

三、户外运动市场细分后的市场定位

户外运动市场细分的确定要经过以下几个步骤：第一，户外运动企业要确定自己经营的市场范围，确定自己的经营方向，这是企业市场细分的基础；第二，户外运动企业在确定市场范围以后，就要了解市场范围内的各种现实情况以及潜在消费者的需求；第三，通过分析不同户外运动者的不同需求，并对这些需求类型的人口特征、地区分布、消费者购买行为等进行分析和判断，以此确定可能存在的户外运动细分市场；第四，通过比较户外运动各细分市场的具体特征，联系企业的实际情况，筛选出最能突出企业特点与优势的细分市场，并制定出对应的市场营销策略；第五，对市场细分的结果进行初步评价，然后对各细分市场内消费者的消费需求、购买心理和购买行为等进一步了解，从而帮助户外运动企业确定最终的目标市场。

户外运动市场细分后的市场定位主要可以采用以下方法。

（一）特色定位

特色定位指的是户外运动企业根据户外运动市场中现有产品的定位情况，发掘新的、特色鲜明的产品，然后在市场中找到适合自己的位置，从而为企业的产品定位的方法。

（二）利益定位

利益定位是相对户外运动消费者来说的，它指的是户外运动企业向户外运动消费者提供特别的产品利益，而不是产品可以为生产企业带来多大的利润空间。利益定位是户外运动企业对消费者的一种承诺，承诺企业可以为消费者提供怎样的产品，能为消费者带来什么好处。

（三）用户定位

用户定位即户外运动企业把户外运动的产品和服务定位成最适合某类使用者的市场细分方法。企业通常试图将一些产品推向合适的消费者或某个细分市场，然后以该细分市场的特点为企业树立合适的品牌形象。

（四）价格定位

价格定位即户外运动企业根据产品的质量和价格对户外运动市场进行细分的方法。因为户外运动消费者除了考虑产品的质量以外，一般也比较关注产品的价格，如果是同一类产品，消费者往往会选择购买价格相对较低的产品。因此，户外运动企业会对自己生产的产品与同类产品或质量相同的产品进行对比，然后指定一个合适的价格，这对产品的销售有较大影响。

（五）避强定位

避强定位即户外运动企业避开强有力竞争对手的市场定位策略。采用避强定位策略的企业一般不会采取硬碰硬的手段与强有力的竞争对手进行竞争，其会选择与竞争企业和平共处，以谋取共同利益。这种市场定位策略可以帮助企业尽快在市场上占有一席之地，同时还可以在消费者心中留下较好的印象。

（六）迎头定位

迎头定位即户外运动企业采取和处于支配地位的竞争对手“对着干”的市场定位策略。采用这种市场定位的企业从一开始就将自己放到与强有力竞争对手同一高度的位置，以此来激励自己，如果成功的话，企业就可以获得极大的市场优势。不过，采取迎头定位的企业要对自己的实力有清晰的认识，否则就是以卵击石，企业就会付出很大的代价。具体来说，采用迎头定位的企业主要需要考虑以下两个问题。

第一，采用迎头定位企业需要承担的风险。如果户外运动企业采用了迎头定位的策略，竞争对手企业必然会进行反攻，双方在争夺消费者的过程中，很容易陷入互相攻击以及相互压价的境地，这样，企业很容易出现低利润甚至是亏损的风险。当然，如果企业自身实力很强，那么其承担的风险也会相对较小。总体而言，迎头定位是风险较高的一种市场定位类型。

第二，采用迎头定位企业需要具备的条件。如果户外运动企业采用了迎头定位的策略，企业就必须想方设法抢占市场制高点，那么企业必然也需要付出很大的代价，这就要求采用迎头定位策略的企业必须具备以下条件：①企业要有较强的资金实力、良好的政府资源以及丰富的土地资源，这是与竞争对手进行较量的基础；②企业要有优秀的市场营销团队，能够针对市场变化迅速发动进攻；③企业的目标市场范围要大，如果市场过小，企业得到的利益将抵不过付出的代价，会陷入得不偿失的境地。

第三节　户外运动的营销调研

户外运动企业要想保持自身的营利性，就必须制定出有利于企业发展的正确决策，这就需要企业通过市场营销调研来获得准确可信的信息。本节以户外运动营销调研为对象，首先分析了户外运动营销调研的含义，其次论述了户外运动营销调研的步骤，最后探讨了户外运动营销调研的具体方法。

一、户外运动营销调研的含义

要想深入了解户外运动营销调研的含义，必须先清楚营销调研的具体内涵。营销调研对应的英文表达是 Marketing Research，它也被译作市场调研、市场营销调研、市场研究、市场调查等。虽然该英文词组对应的中文译法有所不同，但它们的内涵是一样的。美国营销学理事会将营销调研定义为营销者通过信息将消费者和公众联系在一起的一种职能，这些信息主要是用来识别和定义企业营销中面临的问题与机遇，使企业可以制定、完善自己的营销活动，并对营销活动进行检测和评估，进而对营销过程进行改进。简单来说，营销调研就是通过全面系统地收集、识别、分配和使用信息，来发现企业营销中存在的问题，然后提出科学有效的对策过程。因此，户外运动营销调研则是以户外运动市场为对象，通过收集、识别、分配和使用与户外运动相关的信息来发现户外运动营销中存在的问题，进而提出科学有效的对策的过程。

二、户外运动营销调研的步骤

户外运动营销调研主要包括以下七个步骤。

（一）明确研究目的和研究题目

由于在进行户外运动营销调研时会涉及很多方面的内容，因此，在开展户外运动营销调研之前必须先明确研究的目的是什么，这样才能确定合适的调查人员、调查方式，并对调查费用做出预估。一般来说，户外运动营销调研的目的包括想要获得什么信息、要解决什么问题、在调研过程中需要重点关注什么问题、营销调研的对象和研究范围是什么等。当研究目的确定之后，就要拟订一个合适的调研题目，而且调研题目中要包括调研的基本情况，如调研的主题、内容、对象、时间范围和空间范围等。

（二）将使用的概念具体化

因为户外运动营销调研活动中会涉及很多的对象、环节和很长的过程，如果不想让实施调研的人员在调研的过程中曲解调研的意图，户外运动营销调研的主体和内容等必须使用精准的语言进行描述，要将涉及的各种概念具体化，同时也要将调研的各种指标具体化。例如，想要描述 25

～35岁女性的户外运动消费理念，就必须将“消费理念”这一概念具体化，具体来说就是要对消费理念的各种表现形式进行区分，然后设计出能够反映这些表现形式的各种调研项目和对应指标，这样才能真正用具体的数据与事实说明“消费理念”这一概念。

（三）确定调研方案与工作计划

户外运动营销调研方案是指导调研工作的依据，其内容主要包括调研的具体对象、目的要求、地区范围、调研方法等。户外运动营销调研工作计划则是为了保证调研工作能够有计划、有秩序地进行，从而使调研方案顺利实现而对调研工作的一种预先安排，其主要包括调研人员的配备、调研工作进度安排、调研费用预算、调研注意事项等。

（四）设立户外运动营销调研部门

户外运动营销调研部门是根据调研规模、调研任务来配备调研人员而建立起来的营销调研机构。为了确保调研结果准确可靠，户外运动营销调研部门要经常组织调研人员进行学习，并对调研人员进行集中培训，学习或培训的内容主要包括以下几点：①明确户外运动营销调研方案；②掌握营销调研技术；③了解与户外运动调研目标相关的知识、政策、方针、法规等。在培训的过程中，户外运动营销调研部门可以对参加培训的调研人员进行模拟训练，通过模拟调研过程中可能遇到的问题，来锻炼调研人员解决实际问题的能力。

（五）收集调研资料

户外运动营销调研所需的资料主要包括两大类：一是原始资料，即通过实地调研所获取的第一手资料；二是现有资料，即政府机构、企事业单位或个人已有的第二手资料。在户外运动营销的实际调研中，户外运动企业应该按照调研方案中提出的资料内容、资料范围，组织调研人员广泛收集现有资料。

（六）对资料进行整理和分析

因为户外运动营销调研过程中收集到的资料大多比较零散，且资料的内容有可能是片面的、不准确的，所以，调研人员必须对收集到的资料进行整理与分析，只有这样，被调研事物的内在联系和存在的问题以及各种市场现象之间的关系才能被客观地反映出来。调研人员对资料进行整理和分析具体包括以下内容：检查、核实资料的内容，对有错误的部分内容进行订正；将资料进行分类汇编；对资料进行整体的分析和综合评价。

（七）撰写户外运动营销调研报告

户外运动营销调研报告是调研活动的最后成果，是对之前所做的调研工作的书面总结。户外运动营销调研报告必须建立在对市场情况、数据资料进行如实分析的基础上，其可以分为一般性报告和专门报告两类。一般性报告要求资料要尽量完整、详细，而专门报告则要求调研报告的内容要简明扼要。户外运动营销调研报告的内容主要包括题目、摘要、序言、正文、附录等部分。具体如图 5-4 所示。

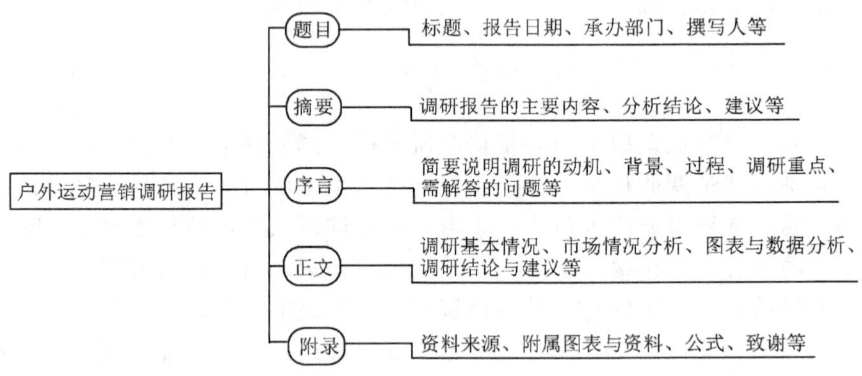

图 5-4　户外运动营销调研报告的内容

三、户外运动营销调研的具体方法

户外运动营销调研方法的选择是否正确，对户外运动调研活动的成败有着直接的影响。下面介绍几种常用的户外运动营销调研方法。

（一）访问法

访问法即通过向被调查者进行询问的方式来了解市场情况的方法。根据调查者与被调查者之间接触方式的差异，访问法还可以细分为四种方式，分别为面谈调查、电话调查和网络调查，具体分析如下。

1. 面谈调查

面谈调查是调查员当面对被调查者进行询问的方法，其可分为个人面谈与小组面谈两种方式。其中，个人面谈通常是调查员在办公室、街头或消费者家中进行的一对一面谈；小组面谈则是调查员邀请 6～10 名消费者对某个产品、服务或营销手段等进行讨论，从中获取具有深度的市场信息。小组面谈可以对消费者的态度、感觉、行为等进行预判，因此，它是进行大规模市场调研的一个十分重要的步骤。

下面对面谈调查的优缺点进行简单的介绍。

面谈调查的优点包括：①调查员可以当面听取被调查者的意见，并对其反应进行观察；②调查员可以根据被调查者的个人条件来对其经济状况进行推测，这有利于帮助调查员判断其问题回答的真实性；③当被调查者有不愿回答或难以回答的问题时，调查员可以对其进行解释，以启发或激励对方回答，从而使调查任务得以顺利完成；④回收率高，有利于提高调查结果的准确性。

面谈调查的缺点包括：①调查费用支出比较大；②对调查员工作进行监督和控制的难度比较大；③对调查员的工作态度与技术熟练度要求比较高。

2. 电话调查

电话调查是调查员借助电话对抽样规定或样本范围内的被调查者进行询问的方法。电话调查主要适用于想要及时获取调查结果的市场调查，或是需要对一些难以直接接触的消费者群体进行询问的情况。

下面对电话调查的优缺点进行简单的介绍。

电话调查的优点包括：①获取信息的速度快；②可以对任何地区的消费者进行调查，覆盖范围广；③需要花费的调查费用少；④被调查者没有现场回答问题的心理压力。

电话调查的缺点包括：①被调查者可能不愿意配合调查，调查者难以对拒绝调查者进一步进行劝说或引导；②调查时间一般不长，一些较为复杂或专业的问题无法向被调查者进行询问；③接电话的人可能并非真正的目标调查者，这样就会对样本的代表性造成不良影响。

3. 网络调查

网络调查是调查员通过在互联网上发布调查问卷来收集市场信息的方法，其具有自愿性、实时性、成本低等特点，因此，网络调查比传统市场调查的应用范围更加广泛。

下面对网络调查的优缺点进行简单的介绍。

网络调查的优点包括：①调查涉及的空间范围很大；②调查员可以迅

速收集到资料；③节省了印刷、装订问卷的费用和调查人员的费用，有利于降低市场调查的成本；④可以通过图片、视频等方式展现产品的外观、性能等，调查方式新颖且表现力强。

网络调查的缺点包括：①许多消费者可能并不常上网，即使上网也不一定会主动填写调查问卷，因此调查样本的选择具有一定的局限性；②网上信息繁杂，调查问卷很可能难以吸引被调查者的参与；③网络调查无法对被调查者进行限制，所有人都能随意填写，这样很多调查问卷其实是无效的，也难以保证调查结果的真实可靠性。

（二）观察法

观察法是调查者通过在调查现场对被调查者的直接观察来获取市场信息资料的方法。调查者采用观察法进行市场调查时并不会与被调查者直接进行接触，因此，被调查者的活动不会受到外部因素的影响，这样获取的市场信息资料就更能如实反映实际情况。

下面对观察法的优缺点进行简单的介绍。

观察法的优点包括：①可以比较客观地收集到第一手资料，因此调查结果更加贴近实际，十分真实可靠；②由于不需要调查员与被调查者的直接接触，因此可以基本消除人际交往中各种因素的干扰，进而避免因问答双方问题存在能力差异而对调查内容产生误解；③调查过程机动灵活，实施起来比较简单，只要选择好恰当的时间与地点就能随时展开调查。

观察法的缺点包括：①只能观察被调查者的表面行为，难以对其内在心理变化进行深入了解；②调查需要花费较长的时间，费用支出也相应较大，通常用于小样本的市场调查；③对调查员具有较高的素质要求，如一定的市场敏感度、较强的观察能力，扎实的营销学知识，熟练的设备操作能力等。

（三）实验法

实验法是调查员通过实验对比来收集市场信息资料的方法。在市场调查中，调查员常常会通过改变产品的质量、价格、包装、广告数量等因素，来检测这些因素的变化对企业产品的销售量、市场份额等造成的影响。

实验法的实施需要经过以下五个步骤。

第一步，确定实验的目标。即明确实验需要了解哪些问题，需要收集哪些资料，想要获得怎样的结果。只有目标明确，才能达到事半功倍的效果。

第二步，选择实验的对象。实验调查的内容不同，实验对象也会有所不同。一般来说，选择实验对象的方法有主观判断和随机抽取两种。其中，主观判断的方法需要调查员根据实验的目的、要求以及对被调查者的了解，选择具有代表性的实验单位，其适用于母体较小而个体差异较大的情况；随机抽取的方法则只需按照随机取样的原则从整个调查对象中抽取实验单位即可，其适用于母体较大、个体同质性较强且调查者对实验对象不太了解的情况。

第三步，确定实验的方法。根据市场环境、产品以及调查对象的不同，调查者可以采用不同的实验测试方法进行实验，常用的实验调查方法有实验单位前后对比实验、实验单位与非实验单位前后对比实验等。

第四步，控制实验环境。调查者要选择具有较高代表性的市场进行实验，在实验的过程中还要尽量排除各种干扰因素，尽可能在较为稳定的状态下进行实验，如果出现不能回避或一些突发性情况，调查者要保持沉着冷静，及时调整、控制实验的进程。

第五步，测量和评价实验结果。具体来说，就是调查员通过数据统一的方法对实验结果进行测量，并通过主观判断法对实验效果进行评价，评价实验结果是否真实有效，最后调查员可以根据实验结果向企业提出是否可以在较大范围内进行市场推广的建议。

下面对实验法的优缺点进行简单的介绍。

实验法的优点包括：①调查员可以揭示市场不同变量之间的因果关系，从而采取相应的营销措施，这有利于提高决策的科学性；②调查员可以对调查的环境和过程进行控制，这样就不需要消极被动地等待某些情况的发生；③由于调查者是根据调查目标的要求开展的实验设计，这有利于对实验环境进行控制，进而可以提高调查的精确度。

实验法的缺点包括：①影响市场变化的因素很多，调查员难以对这些可变因素进行完全控制，这会对实验的进程和效果产生一定的影响；②实验调查的实施需要企业制定出完整的实验计划和方案等，这就需要花费较长的时间进行实验调查；③实验调查具有较大的风险，实验的开展也需要专业人员进行操作，因此实验法需要的费用较高。

第六章　户外运动的营销策略

户外运动营销是以户外运动为载体，主要针对户外运动产品或服务开展的营销方式，与体育营销类似。本章就以户外运动营销为主要讲述内容，重点介绍户外运动促销策略、户外运动市场竞争策略、户外运动产品分销策略以及户外运动产品价格策略。

第一节　户外运动促销策略

本节重点讲述户外运动的促销策略，首先对促销的定义、种类和特点进行介绍，接着又分别介绍了广告、人员推销、公共关系这三种户外运动企业会采用的促销策略。

一、促销概述

（一）促销定义

促销是指营销者将有关企业及其产品信息通过各种方式传递给消费者，以激发消费者的购买欲望，影响其消费行为，最终达到扩大销售目的的活动。户外运动促销就是基于此开展的，即户外运动装备生产者或户外运动服务提供者与消费者之间进行的有关产品或服务的传递与沟通活动。户外运动企业要想进行促销活动，首先要了解消费者的购买行为。

（二）促销方式的种类和特点

户外运动常用的促销方式主要有广告、人员促销和公共关系，下面将对它们的特点进行具体介绍，如表 6-1 所示。

表 6-1　促销方式的基本类型及其特点

促销方式	主要特点
广告	①具有公众性；②渗透力强；③表现力强；④非直接性
人员促销	①沟通具有直接性；②有利于培养感情；③能立即收到反馈
公共关系	①能够建立美好的企业形象；②有利于与消费者建立和谐关系；③争取长期市场

二、广告

（一）广告的内涵

广告的英文为“Advertising”，源自拉丁文“Adventure”，该词具有“诱导”“广而告之”之意，广告的定义也由此而来。广告是企业进行促销时常用的方式，一个成功的广告能够使原本无人知晓的企业或产品家喻户晓。

就营销而言，企业通过付费的形式，在传播媒体上用语言、文字、图画来向消费者介绍产品或服务，这种宣传方式就是广告。广告有四要素，分别为广告主、媒体、信息和广告费。一般户外运动产品广告分为户外运动实体产品广告和非户外运动实体产品广告。

（二）户外运动产品广告的功效

户外运动产品广告的功效主要体现在以下几个方面。

第一，传递信息，沟通供需。通过广告营销，企业生产的产品或提供的服务信息能够被传播给消费者，增强消费者对产品或服务的认知度。

第二，激发需求，促进销售。好的广告能够激发消费者的购物欲，从而促使其产生购买行为，最终使企业业务量进一步扩大。

第三，介绍产品，指导消费。如今人们的生活中到处都是广告，无论走到哪里都能见到广告的身影。户外运动广告向人们普及户外运动的相关信息，从而指导消费者的消费行为。

（三）户外运动广告的媒体

1. 影响户外运动广告媒体选择的因素

广告必须要通过一定的媒体才能够向消费者传播信息。随着科学技术的发展，广告媒体的种类和形式越加丰富多彩，每种形式的广告媒体都具有不同的特点。户外运动企业在选择广告媒体时，需考虑以下几点因素。

第一，目标市场的特点。不同的产品有不同的受众，这些受众所接触的媒体也会存在差异。就户外运动爱好者而言，户外杂志或驴友论坛上的广告通常能够吸引他们的注意力。

第二，产品本身的种类和特点。企业在选择广告媒体时，还需要考虑自身产品或服务的特点。不同的媒体在展示、可信度、吸引力等方面均有不同的优势，具体如表 6-2 所示，户外运动企业可根据此表，再结合自身产品或服务的特性选择广告媒体。

表 6-2　广告媒体的类型及特点

媒体种类	覆盖面	可信度	反应程度	吸引力
广播	广	较好	好、快	较差
电视	广	好	好、快	好
报纸	广	好	好、快	一般
杂志	较窄	好	差、慢	好
网络	广	较好	较快	一般
户外	较窄	较差	较快	较好

第三，广告的目的和内容。不同的广告目的和内容也会适用于不同的广告媒体，一般来讲，实时性较强的促销广告适合选择报纸、电视、网络、广播媒体，而带有科普性质的、包含大量介绍内容的广告适合刊登在报纸或杂志上。

第四，成本。不同的广告媒体费用自然也就不尽相同，户外运动企业在投放广告时，要关注千人成本，即媒体成本与广告接收者之间的相对关系。在比较千人成本的基础上，还要考虑该媒体的传播速度、观众记忆率、传播范围等因素。

2. 各类主要媒体的优缺点

目前人们常接触的主流广告媒体，主要有报纸、电视、杂志、网络等，它们具有不同的优缺点，具体如表 6-3 所示。

表 6-3　各主要广告媒体优缺点比较

媒体	优点	缺点
网络	交互性强、相对成本低	作为新型媒体，有部分人还仍未接触
电视	感染力强、触及面广	成本高、干扰性大
广播	大众化宣传、成本低	直观性差
报纸、杂志	可信度高、权威性高、复制率高、保存期长	版面无保障
户外	灵活、费用低、竞争力小	缺乏创新
邮寄	灵活、人情味重、没有其他广告竞争	成本较高
电话	使用者多	成本不易控制
广告册	灵活性强	成本不易控制

（四）户外运动广告应遵循的原则

户外运动广告在设计时，除了要遵循广告设计的一般原则外，还必须遵循以下几点原则。

1. 明确清晰原则

户外运动服务广告设计的难点在于，其需要用简单的文字、图片或视频来向消费者传达户外运动服务的领域、水平、深度和质量。基于此，广告设计者需要发动自己的创意，利用图片、文字或符号来清晰明了地展现户外运动的丰富信息。

2. 真实性原则

真实性原则是广告设计应遵循的基本原则。户外运动广告必须要具有真实性，对户外运动产品或服务的介绍不能夸大事实、脱离实际，只有实事求是地传递信息，才能得到消费者的信任。

3. 针对性原则

针对性原则是指不同的户外运动产品或服务有不同的受众、适宜的广告媒体，因此，户外运动广告的设计要根据广告对象的特点、广告受众的特点以及传播媒体的特点来选择广告形式。

4. 综合性原则

综合性原则是指，户外运动企业在打算采用广告的形式进行促销时，需要综合考虑各种媒体渠道的优势和特点，在成本可控的基础上，尽可能多地将广告投放在各种媒体和渠道上，以加强产品或服务的促销效果。

5. 社会性原则

社会性原则是指，在进行户外运动广告设计时，广告的内容和创意要符合社会文化、思想道德的客观要求，要有利于消费者的身心健康，并能使其感受到生活情操的提升，最终营造出一种“身心和谐、人际和谐、人与自然和谐”的思想意识。

三、人员推销

（一）人员推销的定义

人员推销是一种历史悠久的促销方式，经常被各种企业所用，在现代企业促销中占据相当重要的地位。人员推销的定义为，通过与消费者进行直接人际交流，用说服的方式直接向消费者推销产品或服务，户外运动的人员推销也是基于此开展的。

（二）人员推销的作用

人员推销的作用主要体现在以下几点。

第一，推销产品或服务，引导消费者消费。通过人员推销，消费者从推销员口中了解了相关产品或服务的信息，并接受了该产品或服务，产生了购买行为，这就是人员推销引导消费购物的体现。

第二，提供服务。推销员除了会向消费者推销产品外，还得会向其提供附加服务，例如技术指导、产品使用说明、资金通融等。

第三，分配货源。当某产品的售卖出现了供不应求的情况时，推销员需要根据实际情况，将有限的货源在顾客间进行分配。推销员在顾客间分配货源时，要注意最大限度地协调商家与顾客的利益，使双方利益最大化，并且要与顾客保持良好的关系，促进产品长久销售。

第四，了解市场，反馈信息。推销员在向消费者推销产品或服务的同时，也能够从消费者处获得有关该产品或服务以及企业的反馈，收集企业或产品的改进意见，从而促使产品和企业向更好的方向发展。

第五，进行市场调研。推销员一般处于一线市场，并且会面对面与消费者打交道，因此其能够在一定程度上进行市场调研工作，感知消费者的潜在需求以及购买动机，然后推销员可以将相关信息传递给企业，帮助企业调整销售策略。

（三）人员推销队伍的建设

1. 推销人员应具备的素质

一个优秀的推销员应具备以下素质。

第一，机敏干练，能够应付突发情况，随机应变能力强。

第二，仪表好，态度端正，语言表达能力强。

第三，有进取心，积极向上。

第四，善于收集信息，并能根据自身专业敏感度分析信息，获取有用情报。

第五，拥有一定的推销技巧和销售专业知识。

第六，对企业有较高的忠诚度。

2. 推销方式的选择

针对不同的消费者，推销人员应选择不同的推销方式，具体如下所述。

第一，针对单个消费者。推销员应选用面对面或电话沟通的方式来进行推销。

第二，针对采购小组。推销员应选用面对面沟通的方式，向采购小组推销产品。

第三，针对买方技术人员。应由推销员与企业技术人员一起向买方的技术人员进行推销。

3. 推销队伍组织结构

推销队伍的组织结构主要有以下几种。

第一，区域型结构。由一个或几个推销员负责某一区域的销售工作，此推销组织结构适用于产品单一、市场相似度高的企业。

第二，产品型结构。根据产品的品种来分配推销员，此推销结构适用于产品线多、市场差异大的企业。

第三，用户型结构。根据用户来分配推销人员，此推销结构适用于用户差异大的企业。

4. 推销人员推销的步骤

推销人员在进行推销时，通常会参照“程序化推销理论”来进行推销。根据程序化推销理论，推销人员的推销步骤如图 6-1 所示。

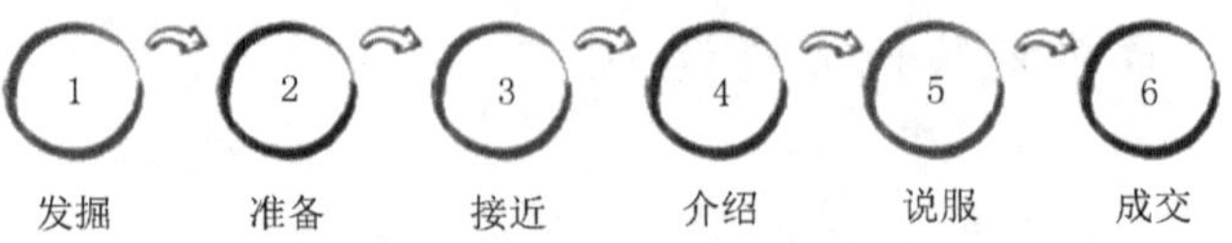

图 6-1 推销人员推销的步骤

四、公共关系

（一）公共关系的定义

公共关系就是我们经常所说的公关，其定义为，某企业为改善自身与社会公众的关系，获得公众信赖、提升知名度、树立良好企业形象和建立良好社会关系而进行的一系列促销活动。户外运动促销中的公共关系维护也是基于此展开的。

（二）公共关系的特征

公共关系强调和谐的人事环境，良好的社会舆论，企业通过公共关系处理能够赢得社会的信赖，树立良好形象。具体而言，公共关系主要具有以下几点特征。

1. 双向性

公共关系是一种双向沟通的过程，其不单是企业向社会传输信息、宣传自己，对公众舆论进行监督和管理，还是为了获取公众对自己的评价，及时倾听消费者的声音，以此来改善自身的不足之处。因此公共关系具有双向性。

2. 广泛性

公共关系的广泛性主要有两层含义：第一，公共关系无处不在，贯穿于主体整个生存和发展中；第二，公众具有广泛性，公共关系的对象可以是任何个人、群体和组织。

3. 整体性

企业公共关系的维护重点在于让社会公众能够全面地了解自己，从而树立良好的企业形象，获得相应的知名度。企业从整体形象角度出发来向公众宣传自己，从而使公众对自身有整体的认识。

4. 长期性

公共关系的维护不是一蹴而就的，企业不能抱有只有在危机出现时，才使用紧急公关来“救火”的思想，而应该将公共关系的维护当作企业经营的日常。因此，公共关系维护是一项长期的工作，具有长期性。

（三）公共关系的目标

公共关系维护的最终目标是帮助企业获得较高的知名度，与公众建立和谐的人际关系，从而使公众信赖企业生产的产品或提供的服务，进而促进企业营销活动的开展。具体来讲，一个企业要确定公共关系的具体目标，需要先评估自身的形象和当前的公共关系状况，并调查公众对自身的满意程度，具体可采用公众综合评估法、民意测验法、语义差别分析法、公共关系市场调查法、文献研究法和会议座谈法等。

确定公共关系目标的步骤共有八步：第一步，确定调查目标；第二步，明确调查对象；第三步，拟定问卷；第四步，确定访问方式；第五步，进行抽样；第六步，进行访问；第七步，整理资料数据；第八步，撰写调查报告。

（四）制订公共关系计划的基本环节

制订公共关系计划主要包含五个基本环节，如图 6-2 所示，下面进行具体介绍。

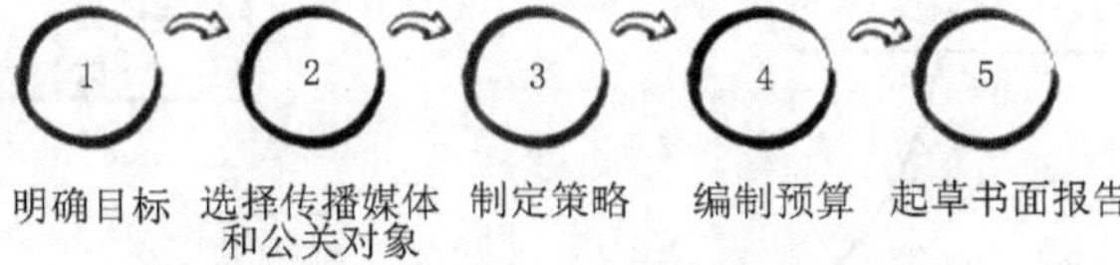

图 6-2　制订公共关系计划的基本环节

1. 明确目标

确立目标是制订公共关系计划的第一步，也是至关重要的一步。目标的确立可以明确公关活动所要达到的效果，以及为了达到这种效果需要付出多大的努力。公共关系计划目标要具体，并且可操作和实现。

2. 选择传播媒体和公关对象

科学技术的发展使得传播媒介越来越多，不同的传播媒介有不同的传播效果，并且针对的人群也不尽相同，因此，企业要综合考虑实际情况来选择传播媒体。企业的公关对象主要是消费者，但舆论界、相关单位、竞争者和企业员工其实也属于公关对象，企业在进行公关活动前，要对公关对象进行明确。

3. 制定策略

公共关系策略丰富多样，针对不同的公关目标、公关对象，企业应采取不同的公关策略。一般常见的公关策略有交际型公关策略、征询型公关策略、宣传型公关策略、社会型公关策略以及服务型公关策略。

4. 编制预算

为了在有限的成本内达到最好的公关效果，在进行公共关系计划前需要进行科学的编制预算。在进行公关编制预算时，企业要明确自己能承担的公关费用，以及其能够达到的效果，然后根据实际情况确定最终预算。一般而言，公关预算包含的费用如图 6-3 所示。

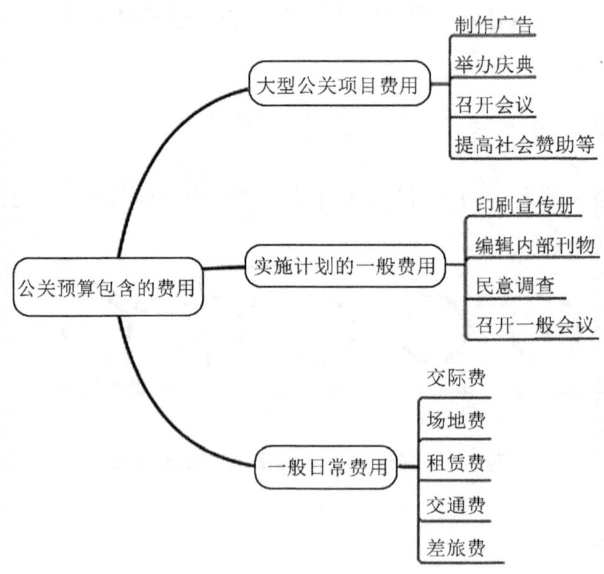

图 6-3　公关预算包含的费用

5. 起草书面报告

对于一些重大公关项目，在正式实施前，应撰写书面报告。书面报告的内容包含项目概况、正文和结语三部分，其中项目概况主要包括进行此公关项目的原因；正文包括公关活动计划的目标、具体安排、预算、问题分析等内容；结语包括具体的建议、要求等内容。书面报告的语言要精练，表达要准确。

第二节　户外运动市场竞争策略

本节主要讲述户外运动市场竞争的相关内容，首先介绍了户外运动市场竞争分析的两种模型，其次对户外运动市场竞争策略进行具体阐述。

一、户外运动市场竞争分析

要对市场竞争进行分析，就必须了解市场竞争分析中的两种模型，其分别为 SWOT 分析模型和五力模型。下面将对这两种模型进行具体介绍。

（一）SWOT 分析模型

1. SWOT 概述

SWOT 即 Strengths（优势）、Weaknesses（劣势）、Opportunities（机会）、Threats（威胁）这四个英文单词的首字母缩写。SWOT 分析可以被用来分析市场外部机会与威胁，其主要分为两个步骤：第一步，管理者仔细评估公司内部优势和劣势以及外部环境的机会与威胁；第二步，管理者使用第一步的评估结果将公司置于 SWOT 矩阵的四象限（如图 6-4 所示）中。

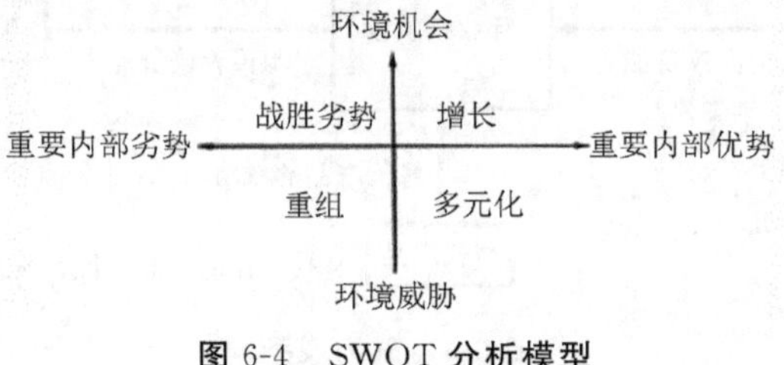

图 6-4　SWOT 分析模型

如图 6-4 所示，如果一个企业内部优势很多，并且外部环境机会也较多，其就处于第一象限，能够得到良好发展；如果一个企业内部劣势较多，但外部环境机会较多，其就会处于第二象限，其应采取的主要竞争战略就是战胜劣势；如果一个企业不仅内部劣势较多，并且还遭到了外部环境的威胁，其就要考虑重组；如果一个企业内部优势较多但遭到了外部环境的威胁，其就要考虑多元化发展。

企业使用 SWOT 进行分析非常方便，但也缺乏一定的客观性。同一个企业的不同管理者对企业沿 SWOT 维度分析可能持有不同的意见，因此他们较难产生明确的结论，或者会得出很多矛盾的战略，对企业发展造成一定的影响。

2. 利用 SWOT 分析户外运动市场

就外部环境而言，随着社会的进步和科技的发展，一些人力被机器替代，因此人们的闲暇时间越来越多，与此同时，生活在都市中的人们每天面对钢筋水泥，迫切需要到大自然放松身心，户外运动作为在户外开展的运动，越来越受欢迎。基于此，一些户外运动企业管理者认为户外运动的外部环境充满机会，但由于一些户外运动是在人迹罕至的地区才能开展，例如攀岩、徒步穿越、潜水等，一些户外运动企业就认为户外运动的外部环境充满威胁。其实无论哪种分析都是有道理的，企业需要结合内部优势和劣势同时进行分析。

（二）五力模型

五力模型是由哈佛商学院的教授迈克尔·波特创立的，其为行业分析提供了新思路，具体可见图 6-5。

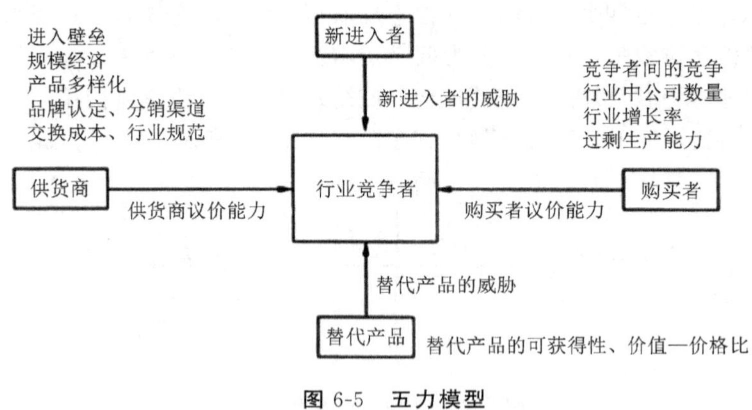

图 6-5　五力模型

如图 6-5 所示，五力模型的逻辑非常清晰和直接，无论哪种力的强度增加，市场环境变得更加不友好，整体收益率会下降。下面将具体分析五力模型中力的作用。

1. 竞争

在同一行业，公司间的竞争越大，那么整个行业的平均收益率就会越低，这主要是由于激烈的竞争往往会提高成本或者压低价格。而引起激烈竞争的原因主要有三点：第一，行业中公司数量较多；第二，总体行业销售增长较慢或下滑；第三，整个行业的产能过剩。

就户外运动而言，其也存在行业产能过剩的情况。户外运动对自然条件的依赖性较强，我国地缘辽阔，沙滩、大海、草原、森林、荒漠、高山等自然条件应有尽有，只要有自然条件，就能够找到对应的户外运动。但目前我国从事户外运动的企业并不算多，因此整个行业的竞争性不算太强。

2. 新进入者的威胁

如果一个行业能够让新手都很轻易地进入，那么这个行业的竞争性就非常强，并且平均收益率较低。因此，通常已经处于某一行业的公司会通过各种途径来建立行业壁垒，从而提高进入该行业的门槛。目前，常用的提高某行业进入门槛的方式主要有以下四种：①成本壁垒；②现有公司享有的销售优势；③政府管制；④行业进入壁垒。

就户外运动而言，成本壁垒、现有公司享有的销售优势以及行业进入壁垒均不具备，因此只能通过政府管制的方式来提高行业进入门槛。户外运动通常都是一些具有一定危险性的运动，政府可通过对户外运动的开展实施严格专业的管理，例如要求相关从业人员必须有经营许可证才可从事该行业的经营，这样就能在一定程度上提高该行业进入门槛。

3. 替代产品的威胁

如果某个行业中的产品或服务能够被轻易地替代，那么该行业的平均收益率就会较低。就户外运动而言，其带给人们的身心放松和运动体验，能够轻易被其他运动项目、旅游、远足等活动替代，因此其受到替代产品的威胁。基于此，户外运动企业要抓住户外运动既能运动，又能到大自然中去的特点，将这个优势放大，才能较好地抵御替代产品的威胁。

4. 供货商议价能力

影响供货商议价能力的因素主要有两点：第一，若供货商少，购买者多，那么供货商的议价能力就较强；第二，若供货商拥有某类产品的专利技术，那么其议价能力通常也较强。就户外运动而言，其对装备的要求通常较高，相关供货商较为集中，产能也较大，而户外运动企业规模较小，购买力较弱，并且不能轻易地更换供货商，因此，户外运动装备供货商的议价能力较强。

5. 购买者议价能力

影响购买者议价能力的因素主要也有两点：第一，购买者自身足够强大，则能拥有较强的议价能力；第二，购买者相对集中，数量庞大，则也能拥有较强的议价能力。就户外运动而言，户外运动的购买者主要有两类：一类是户外运动爱好者，通常对价格不敏感；另一类是企事业单位，对价格也不太敏感。因此，户外运动购买者的议价能力是相对较弱的。

二、户外运动市场竞争策略研究

（一）以市场结构为中心的市场竞争策略

以市场结构为中心的市场竞争策略重点要放在外部，主要有价格、进入壁垒、隔离机制三大因素。从不同的角度出发，可采取不同的竞争战略，具体如图 6-6 所示。

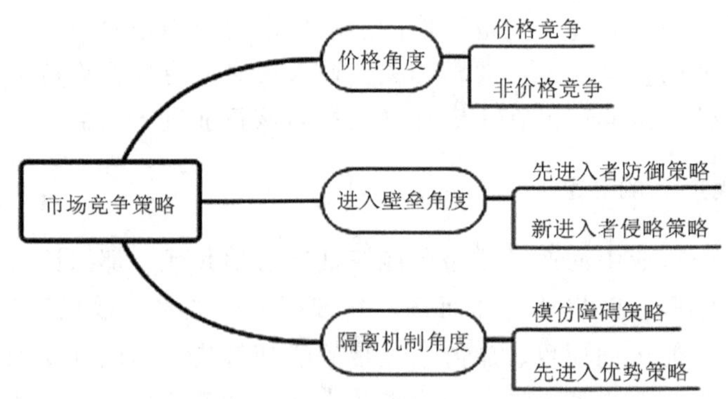

图 6-6　以市场结构为中心的市场竞争策略

总的来说，户外运动企业在制定以市场结构为中心的竞争策略时，都要将进入威胁纳入考量范围，具体可采取以下几种策略。

第一，已进入者已经投入资金、新进入者还没有投入，此时可采用沉没成本策略来形成进入壁垒。

第二，已进入者拥有较高的产业规模，并且拥有产品专利，其生产或服务环境优越，且拥有政府补贴，此时可采用生产性障碍来形成进入壁垒。

第三，已进入者与供应商以及顾客建立了长期合作关系，并且合作非常愉快，此时可采用品牌策略来形成进入壁垒。

第四，该行业的销售渠道较少，并且难以开辟新的销售渠道，此时可采用分销渠道限制策略来形成进入壁垒。

第五，新进入者由于对新市场的需求和经营成本不清楚，已进入者可采用限制性定价来形成进入壁垒。

第六，已进入者已经形成强势品牌，并且进行了多元化经营，可采用掠夺性定价来形成进入壁垒。

第七，行业边际成本较低，产品进入市场就会导致价格下跌，此时应采用拥有超额生产能力策略来形成进入壁垒。

（二）以企业素质为中心的市场竞争策略

以企业素质为中心的市场竞争战略强调关注企业内部经营，这是因为，外部环境的变化是不可控的，过分关注外部环境极有可能会导致政策的波动和战略的不连贯性。

普拉哈拉德和哈默尔通过对世界500强企业中的部分企业进行调研发现，企业的竞争优势来源于企业的核心竞争力。企业的核心竞争力主要包含三个层次的内容：第一，组织中的积累性学识；第二，关于工作的组织和价值传递；第三，交流、介入和跨越组织边界的深入工作。

因此，户外运动企业想要提高自身的市场竞争力，在充分考虑外部环境的基础上，也要关注企业自身的素质，着力提高自身的核心竞争力，从而在户外运动市场中立于不败之地，获得长久发展。

（三）培育和发展核心竞争力的策略

上一条策略提到了企业核心竞争力的重要性，本条策略就重点讲述如何提高、培育和发展企业自身的核心竞争力。

企业的核心竞争力就是企业的能力，其主要表现为企业能够不断开发新产品和开拓市场，这决定了企业经营范围的深度和广度。有形的人力物资资源和无形的规则资源是促进企业发展的根本要素，但这两者也仅仅是载体，真正让企业具有价值的是企业通过一系列活动表现出来的能力。因此，企业要不断提高自身的活动能力、行动反应能力，创建学习型组织，从而不断增加自身的专有性资产和积累性学识。

第三节　户外运动产品分销策略

产品需要通过一定的销售渠道来销售给客户，而随着市场的发展以及社会分工的细化，现代企业已经很少采用直接销售给终端客户的方式来销售产品，户外运动企业也是如此，因此分销应运而生。本节就以户外运动产品分销策略为重点讲述内容，首先介绍了分销渠道的基本内容，接着介绍了户外运动分销渠道的设计与管理。

一、分销渠道的概述

（一）分销渠道的概念

分销渠道是指把产品或服务从生产者转移到消费者的过程中，拥有该产品或服务的所有权或帮助所有权进行转移的组织或个人，其中组织和个人就是分销渠道成员。具体来讲，分销渠道主要有两层，第一层为取得产品或服务所有权的中间商；第二层为帮助产品或服务所有权进行转移的代理中间商。除此之外，例如金融机构、仓库、保险机构、运输机构、广告代理商也属于分销渠道系统，它们为辅助机构。户外运动产品的中间商，通常也被叫作经销商，主要包含了批发商和零售商。

（二）分销渠道的特征

大部分情况下，户外运动产品或服务的转移主要是通过中间商来实现的，因此分销渠道也可被理解为一种市场营销活动，其主要具有以下几点特征。

第一，分销渠道是一个系统，其包含了参与产品或服务交易过程中的各类人员、组织或中间商。

第二，分销渠道搭建了生产者与消费者之间进行交易的桥梁，正是因为有中间商的活动，生产者生产出来的产品或服务才能更好地进入消费领域。

第三，产品或服务从生产者向消费者转移时，至少要转移一次所有权。

（三）分销渠道的类型

分销渠道根据不同的分类标准，可被分为不同的类型，具体如图 6-7 所示。

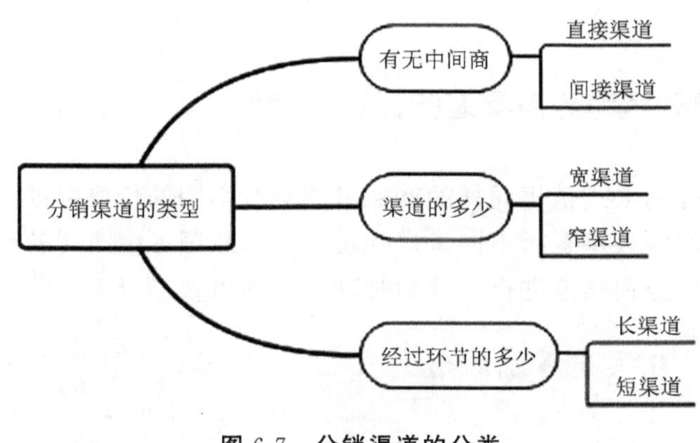

图 6-7　分销渠道的分类

1. 直接渠道与间接渠道

直接渠道是指企业采用产销合一的经营方式，将生产出来的产品直接销售给消费者，没有中间商，例如户外运动赛事直接向观众售票等。间接渠道是指产品从生产者流向消费者的过程中，要经过一层或多层中间环节，例如户外运动企业通过网络、电视等渠道向消费者销售产品。

2. 宽渠道与窄渠道

宽渠道与窄渠道都属于分销渠道中的间接渠道。其中，宽渠道是指产品从生产领域到消费领域，有两个以上的中间商参与产品的销售；窄渠道是指产品从生产领域到消费领域，只有一个中间商进行销售。宽渠道销售只有独家分销一种销售策略，而窄渠道有选择性分销和密集型分销两种销售策略。

3. 短渠道与长渠道

短渠道是指在产品分销过程中，只经过一个环节；长渠道是指在产品分销过程中，需要经过两个以上的环节。短渠道与长渠道的销售过程如图 6-8 所示。

（a）长渠道销售过程　　（b）短渠道销售过程

图 6-8　长渠道与短渠道的销售过程

二、户外运动分销渠道的设计与管理

不同的分销渠道销售同样的产品可能会有不同的价格，这主要是因为他们彼此之间的效率有所不同。户外运动产品或服务生产者若想获得最大收益，就要对分销渠道进行设计和管理，具体可参考以下理论。

（一）分销渠道系统的形式

1. 垂直营销系统

垂直营销系统是指由生产者、批发商和零售商所组成的统一的联合体，他们彼此之间拥有其他人员的产权，或者形成一种契约关系，彼此能够对销售条件达成一致。这种营销系统极大地提高了整个销售系统的效率，缩减了成本，并且有利于控制渠道系统的活动。

垂直营销系统主要包括三种形式：①公司式垂直营销系统，即生产者、批发商和零售商同属于一个企业；②管理式垂直营销系统，即由规模大、实力强的企业牵头，将生产者、批发商和零售商整合在一起；③契约式垂直管理系统，即生产者、批发商和零售商分属于不同的企业，但他们通过契约来达成合作，以追求共同利益最大化。

2. 水平营销系统

水平营销系统是指由两个或两个以上的公司共同开发一个市场来进行营销活动。此系统能够发挥群体作用，分散风险，从而使每个公司都获得最佳效益。一些公司在刚进入某个市场时，由于缺乏经验、实力欠缺等弊端，需要找其他相关企业来进行优势互补，以降低入行失败的风险。这些公司的合作既可以是暂时性的；也可以是永久性的。

3. 多渠道营销系统

多渠道营销系统是指，企业既可以通过代理商、经销商来销售产品，也可以通过开设专卖店的方式来进行销售。多渠道营销系统能够针对不同的细分市场采用不同的分销方式，主要有两种形式：第一，生产商利用两条以上的竞争性分销渠道销售同一商标的产品；第二，生产商通过多条分销渠道销售不同商标的差异性产品。

（二）影响分销渠道设计的因素

企业在进行分销渠道设计时，应考虑以下几点因素。

1. 顾客特征

分销渠道的设计易受顾客特征的影响，此处所说的顾客特征主要是指顾客的分布密度、顾客所处的地理位置、顾客购买产品的数量和次数等。根据不同的顾客特征，生产商会采取如下策略。

第一，当顾客人数较多时，生产者通常会选择长渠道进行分销。

第二，当顾客较为集中时，生产者通常会选择直销。

第三，当顾客少量而频繁地订货时，生产者通常会依赖批发商进行分销。

2. 产品特征

产品特征也是影响分销渠道设计的因素，产品的特征主要包括产品的价值、是否需要售后服务等。根据不同的产品特征，生产商会采取如下策略。

第一，易腐烂变质的产品通常会采用直销的方式进行销售。

第二，非标准化产品通常会采用推销员直接推销的方式进行销售。

第三，单位价值高的产品通常会采用企业推销人员来销售。

3. 竞争特征

竞争特征是指生产者在设计分销渠道时，会将竞争对手采用的销售渠道考虑在内。通常，生产者更倾向于与竞争者采用相同或相似的经销方式，从而与其产品进行竞争。

4. 环境特征

市场大环境也会对生产者的分销渠道设计产生影响，当市场大环境较差时，为了降低产品价格吸引顾客购买，生产者通常会采用较短的销售渠道，以减少不必要的成本付出。

5. 企业特征

企业特征主要是指公司规模、公司财务状况、产品组合等。一个公司的规模大小决定了其市场规模的大小，以及其所需要的中间商的多少；公司的财务状况决定了分销渠道的长短；产品组合的宽度和深度则决定了企业直接与顾客进行接触的能力。

（三）分销渠道的选择

企业在设计分销渠道的时候，要考虑到企业的未来发展，尽量设计一种能够满足企业长期发展的分销渠道。具体来讲，企业应考虑以下三个方面的因素。

第一，分销渠道的经济性，即每种渠道设计方案的成本与效益之比。

第二，分销渠道的控制性，即代理商要对销售渠道进行有效的控制，以实现企业利润最大化。

第三，分销渠道的适应性，即产品作为消费者的所需品，能否被消费者选择。

（四）分销渠道的管理策略

企业在确定分销渠道后，还需要对中间商进行管理，具体可采用以下管理策略。

第一，合理选择渠道成员。企业在选择中间商时，要充分了解其经营年限、经营的产品种类、盈利能力、偿付能力、合作态度等方面的信息，在深思熟虑后确定中间商，与此同时，在选择代理商时也要慎重，要将其与中间商进行区分。

第二，合理激励渠道成员。为了使中间商、代理商或经销商更加努力地进行营销活动，企业应采取一定的激励策略来促进合作的深入开展，正面激励和反面制裁应同时采用。

第三，合理评价渠道成员。企业应定期对渠道成员开展合理的评价，例如对其销售额的完成情况、存货情况、对商品的售后处理情况等进行考察，对表现较好和较差的渠道成员分别采取激励和制裁的措施。

第四节　户外运动产品价格策略

价格策略是促销策略中一项非常重要的策略，也是市场营销活动的重要组成部分。本节就以户外运动产品价格策略为重点讲述内容，先介绍户外运动产品定价的目标、影响户外运动产品定价的因素，接着介绍了户外运动产品定价的方法以及定价策略。

一、户外运动产品定价的目标概述

（一）户外运动产品和服务的定价依据

无论是产品还是服务依据何种标准来制定价格，都必须围绕产品和服务本身的价值展开，不能过分低于或高于产品或服务本身的价值，户外运动产品和服务也是如此。产品和服务围绕其本身的价值上下波动，具有以下内涵。

第一，产品和服务价格的波动主要是由供求关系引起的，价格与供需关系之间存在着相互制约的关系。

第二，产品和服务价值决定了其价格，价格围绕价值上下波动。

第三，户外运动产品价值＝户外运动产品的预期利益/户外运动产品价格。

（二）户外运动产品和服务的定价目标

户外运动产品和服务的定价要慎之又慎，企业在实际定价前要广泛收集相关资料，了解竞品的定价，并制定一定的定价目标来确定自身产品和服务的价格。具体来讲，户外运动产品和服务的定价主要有以下目标。

1. 利润目标

利润目标主要包含两个层面的内容，既要以追求最大利益为目标，还要以获取适当利润为目标。以追求最大利益为目标是指产品和服务的定价要能使企业在一定时期内获取最高利润。追求最大利益有短期和长期之分，一个有远见的企业一般会制定长期利润最大化价格目标。以获取适当利润为目标是指，企业在确定产品和服务的价格时，要在补偿社会平均成本的基础上，在商品的价格上适当增加一定的利润额，以获取适当利润。获取适当利润的价格目标也是为了促使企业能够获得长期的利润，还能避免不必要的价格竞争，减少风险。

2. 销售额目标

销售额目标是指产品和服务的价格要在保证一定利润的基础上，确保产品和服务销售额的最大化。在一些节日或庆典中，商家经常会进行促销活动，降低价格或打折销售产品，从而吸引消费者购买。这种采用高调形式、形成轰动效应的定价方式，能够最大限度地促进销售额目标的完成。

3. 市场占有率目标

市场占有率目标是指企业的销售额占整个行业销售额的百分比，市场占有率决定了企业对市场的控制能力，市场占有率高的企业能够在一定程度上形成垄断，从而为自身带来较高的利润。

市场占有率目标主要包含两个层次，第一为保持市场占有率，第二为扩大市场占有率。保持市场占有率的定价目标具体做法为根据竞争对手的价格水平来调整价格；扩大市场占有率可依据定价由低到高或由高到低的策略来进行定价。

二、影响户外运动产品定价的因素

影响户外运动产品定价的因素有内外之分，内部因素主要包括产品成本、组织目标、营销组合的变量等；外部因素主要包括市场竞争、市场需求、经济等，下面具体进行介绍。

（一）内部因素

1. 产品成本

产品成本可被分为固定成本和可变成本，具体公式如下：

$$TC = FC + VC$$

其中，TC 为总成本，FC 为固定成本，VC 为可变成本。

通常而言，产品的成本越高，其定价就会越高，这是因为，若定价低于成本企业就会亏损，更不用说通过售卖产品来获得一定的利润了。

2. 组织目标

户外运动的组织目标是完成企业使命和组织宗旨的载体，其能够促使组织努力达到一种良好的未来状态，为组织开展活动提供动力。组织目标决定了企业未来的发展方向，因此，其对户外运动产品价格的制定也会造成一定的影响。一般而言，组织目标主要有四种，分别为收益、销售量、社会影响和竞争。

3. 营销组合的变量

营销组合是指将企业可控的基本营销措施组成一个整体。企业进行市场营销，目的是满足消费者的各项需求，同时促进自家产品的销售。消费者的需求是多样的，为了尽可能多地满足消费者的需求，企业在开展营销活动时，就要将各类营销形式进行合理组合，从而发挥整体的优势。营销组合的变量包括广告、公关、促销和分销等，在制定价格时，也要将这些变量考虑在内。

（二）外部因素

1. 市场竞争

市场竞争是影响产品定价的重要外部因素，企业需时刻关注市场动向、竞争对手的价格策略，从而制定既能和竞争对手抗衡，又能促进自身发展的价格策略。市场竞争有四大类型，分别为完全竞争、垄断竞争、寡头竞争和完全垄断，表 6-4 将介绍不同市场竞争类型的区别。

表 6-4　市场竞争结构类型对比

市场竞争类型	厂商数目	产品差别程度	个别厂商控制价格程度	厂商进入产业难易程度	现实中接近的行业
完全竞争	多	无差别	无法控制	容易	农业
垄断竞争	多	差别较小	有一些	较容易	零售业
寡头竞争	少	有或没有差别	程度较强	有限	汽车制造业
完全垄断	一个	唯一产品，无替代品	程度强，但受政府管制	不能	公共事业

2. 市场需求

市场需求是指在一定价格下消费者愿意购买某种产品的数量。就户外运动而言，消费者对户外运动产品的需求是确定户外运动产品价格的关键外部因素。在制定户外运动产品价格前，首先要对该产品的需求进行估算。不同的因素对产品需求也造成不同的影响，具体如表 6-5 所示。

表 6-5　不同因素对产品需求的影响

影响消费者需求的因素	对需求的影响
消费者的喜好	影响消费者选择价值相同或接近的产品
消费者的个人收入	收入变动与需求变动同步，但对于劣质商品来说，需求会随消费者收入的增加而下降
产品价格	产品自身价格与消费者需求呈反方向变化
替代品价格	产品替代品价格与消费者需求呈同方向变化
互补品价格	产品互补品价格与消费者需求呈反方向变化

3. 经济

经济对产品的定价也有较大的影响。在经济衰退时期或通货膨胀时期，消费者的购买力会下降，这是因为在这一时期，人们对经济发展普遍担忧，削减经济成为他们的必然选择。因此，企业要密切关注经济发展动向，并据此调整自身产品的价格。

三、户外运动产品定价的方法

（一）成本导向定价法

成本导向定价法是指产品的价格制定主要以其单位成本为依据，还要将预期利润纳入考量范围的定价方法。成本导向定价法主要有两种具体的方法，分别为成本加成定价法和目标收益定价法。其中，成本加成定价法的公式为：

单位产品价格＝单位产品总成本×（1＋目标利润率）[⑦]

⑦ 刘华荣. 户外运动营销理论、案例与实务［M］. 北京：中国地质大学出版社，2013：247.

目标收益定价法的公式为：

损益点＝固定成本/（价格－单位可变成本）

（二）竞争导向定价法

竞争导向定价法是指企业在充分调研竞争对手的价格水平、生产状况、服务状况等情况后，再依据自身的竞争实力，同时考虑产品成本和市场供求状况来确定自身产品价格的方法。

竞争导向定价法主要有两种具体的方法，分别为随行就市定价法和产品差别定价法。随行就市定价法在不同的竞争环境中也有不同的做法，例如在完全竞争环境中，企业要通过市场价值规律来确定统一的价格水平；在垄断竞争环境中，一般是由几个企业先定价，其他企业参考定价。产品差别定价法是指对于同类或同样的产品，企业要通过不同的营销手段选择高于或低于竞争对手的价格，使产品在消费者心中树立不同的形象。

（三）市场导向定价法

市场导向定价法是指企业根据市场需求和消费者对产品的感觉差异来制定价格的方法。市场导向定价法的特点为，产品的价格与成本不存在直接的联系，只会随着市场需求的变化而变化。

市场导向定价法主要有三种具体的定价方法，分别为理解价值定价法、需求差异定价法和逆向定价法。其中，理解价值定价法是指，将消费者对产品价值的理解度作为定价的基础；需求差异定价法是指，将消费者需求作为定价的基础；逆向定价法是指，根据消费者能够接受的销售价格，逆向推算出出厂价的定价方法。

四、户外运动产品的定价策略

（一）户外运动新产品的定价策略

通常，新产品的定价是比较困难的，生产者无法完全了解消费者对新产品的理解和接受程度。因此，对于户外运动新产品的定价，通常会采用以下两种定价方式。

1. 渗透定价

渗透定价是指使新产品的定价低于竞品定价。这种定价方式能够刺激价格敏感型消费者尝试新产品，从而增加新产品的市场需求量。渗透定价法的使用需要有以下前提：①新产品的需求价格弹性较大；②新产品存在规模效应；③新产品的需求量较大。

2. 撇脂定价

撇脂定价是指使新产品的定价高于竞品定价。这种定价方式能够让企业在产品市场周期的初始阶段就获得较大的利润，在短期内收回成本后即可采用低价策略进一步打开市场。

（二）心理定价策略

心理定价策略是指根据消费者对产品的心理感受来确定产品价格的定价方式。企业采用心理定价策略一定要对消费者的心理进行全面调研和深入了解，从而准确掌握消费者的心理。一般而言，心理定价策略适用于零售行业，具体的定价方法有声望定价、整数定价、习惯定价、尾数定价和比较定价等。

第七章　户外运动的管理实践

户外运动的管理对户外运动的发展具有十分重要的推动作用。本章首先对户外运动的赛事管理进行概述，先介绍了户外运动赛事活动的计划编制与实施、户外运动赛事的过程管理；其次对户外运动的俱乐部管理展开分析，重点介绍户外运动俱乐部管理的内容；最后对户外运动的教学组织管理进行解读，在对户外运动教学进行概述的基础上，对户外运动教学的组织与管理展开探究。

第一节　户外运动的赛事管理

户外运动赛事是户外运动的重要组成部分之一，对户外运动的赛事进行科学管理，能够为户外运动赛事的发展奠定良好的基础。本节将首先对户外运动赛事管理进行概述；其次对户外运动赛事活动的计划编制与实施进行分析；最后对户外运动赛事的过程管理展开讲解。

一、户外运动赛事管理概述

（一）户外运动赛事的概念

户外运动赛事是以促进参与者身心健康发展、丰富其业余文化生活，实现户外运动事业健康发展为目的，以运动项目和身体练习为主要内容，在裁判员的监督下，利用户外的自然环境和人工环境开展的个人或集体的体力、智力、技艺等较量的活动过程。

据此，我们可以从以下几个角度对户外运动赛事进行更细致的理解。

第一，户外运动赛事是关于体力、智力、技艺等方面的较量。

第二，户外运动赛事包括竞技运动方面的竞赛活动与群众方面的竞赛活动。

第三，户外运动赛事是以场地、器材为基础展开的。

第四，户外运动赛事需要按照既定的规则、方法进行。

第五，户外运动赛事设有裁判，裁判是整个竞赛规则的执行者，需要对比赛进行安排。

第六，户外运动赛事具有强烈的目的性，直接目的是获得优胜，终极目的是为社会发展和经济建设服务。

（二）户外运动赛事的基本特征

户外运动竞赛是人类社会中独有的一种特殊活动，主要具有以下特征。

1. 参赛目标的竞争性

户外运动赛事的开展需要有一定数量的参与者，他们之间互为对手，并按照一定的规则和流程展开竞赛。与一般的竞技比赛一样，无论户外运动赛事的参赛者人数多少，当竞赛结束后，只有少数几位选手能够成为获胜者，才能得到相应的物质奖励与精神奖励。因此，所有参与户外运动赛事的参赛者都会竭尽全力地投入比赛，并将获得比赛的胜利作为日常锻炼、训练的主要目标。一般情况下，比赛的层次级别越高，参赛者的人数越多，竞争力也会越大[8]。由此可以看出，竞争是户外运动竞赛中的一个基本特点，所有参与比赛的人都在比赛中进行竞争性较量，以赢得比赛为主要目标。

2. 竞赛条件的制约性

竞赛条件会对竞赛行为形成制约，这是竞赛活动和日常体育活动的主要区别。无论比赛是竞技性项目，还是传统趣味性项目，都需要按照有关的竞赛体系与机制规范运行，所有参与竞赛的人员都要按照一定的规范开展活动，整个竞赛工作也受到严格的条件制约。

3. 竞赛过程及结果的不确定性

户外运动赛事在整个过程中会不断变化，具有动态性和明显的不确定

---

⑧ 吴东．我国户外运动赛事市场化运作的问题与对策研究［J］．中国学校体育（高等教育），2016，3（11）：34—37.

性，参与户外运动赛事的参与者需要根据赛场上的形势及时调整自己的策略，选择新的战术，这是影响赛场上双方优势不断变化的重要因素。

同时，户外运动赛事结果也表现出明显的不确定性。运动员的竞技能力、临场状态、教练员的指挥水平、竞赛环境、裁判员的业务能力和道德水平等因素都会发生不同的变化，这都会对比赛的结果造成影响。但正是因为户外运动赛事过程和结果具有的不确定性，才给户外运动赛事增添了更深厚的内在魅力，这是参赛者所渴望的挑战和获得的人生追求。

（三）户外运动赛事的内容

户外运动赛事的内容受到户外运动项目的设置与开展情况的影响。近年来，随着户外运动的不断发展，户外运动赛事的内容也逐渐丰富，不仅有竞技比赛的项目，也有大众活动的项目。

参照国内学者王蒲的研究成果，户外运动赛事的内容可以分为两类，分别是竞争性项目类、对抗性项目类，这两类又可分为不同的类型，如图7-1所示。

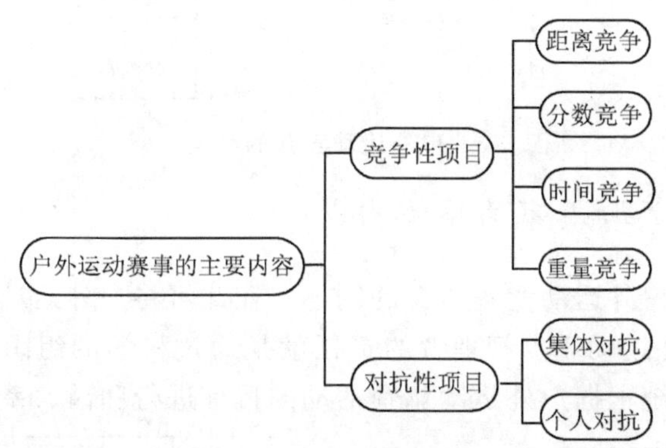

图 7-1　户外运动赛事的主要内容

（四）户外运动赛事的种类

户外运动竞赛的种类很多，根据不同的分类标准，可以分为以下几种类型，如图 7-2 所示。

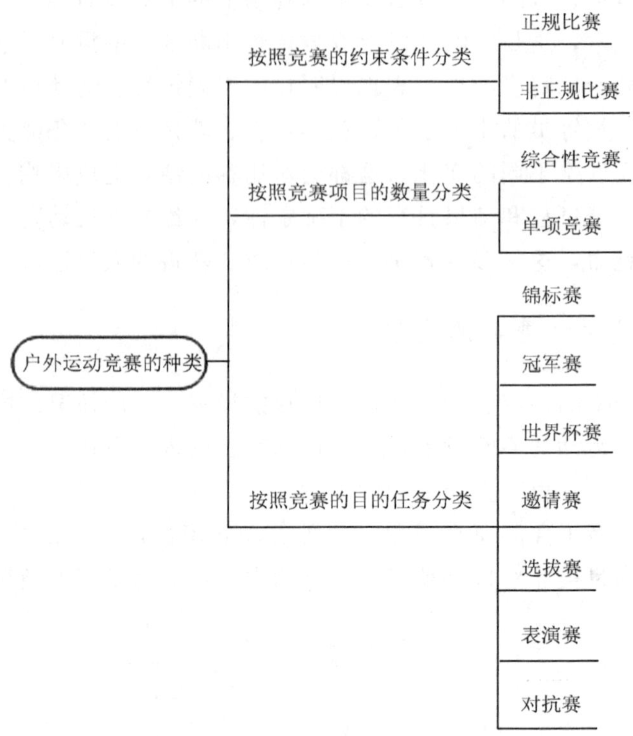

图 7-2 户外运动竞赛的种类

（五）户外运动赛事的系统构成

根据上文对户外运动竞赛概念的阐述，在此可将户外运动赛事系统总结为图 7-3。户外运动竞赛管理者的责任就是通过科学的组织管理，使下图中的三个子系统根据户外运动竞赛活动的目标进行和谐、系统的运作。

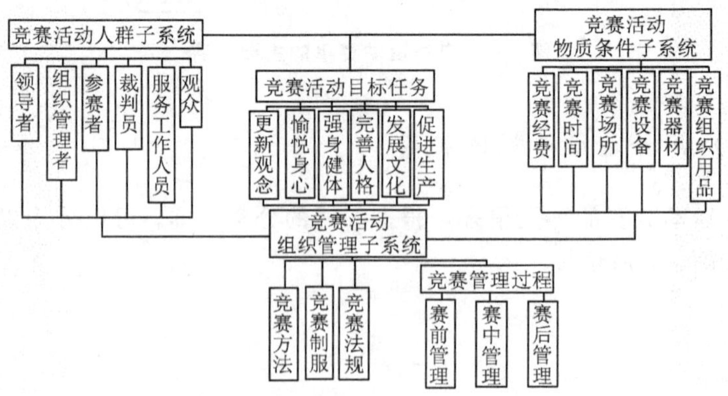

图 7-3 户外运动竞赛活动系统的构成

二、户外运动赛事活动的计划编制与实施

户外运动赛事活动的策划指的是户外运动赛事的组织者按照现实需要和现有资源利用的可行性，来制定未来竞赛工作的行动方案，并通过这个方案对全国和地方单位的户外运动赛事活动进行有计划的组织、协调、监督、控制。下面将对户外运动赛事活动策划中计划的编制与实施、户外运动赛事组织方案的制定以及户外运动赛事规程进行分析。

（一）户外运动赛事活动计划的编制

1. 户外运动赛事活动计划的主要内容

户外运动赛事活动计划的主要内容包括如下两个方面。

第一，计划纲要。这是对整个户外运动竞赛规划的文字说明，主要包括编制户外运动赛事计划的指导思想、户外运动赛事的主要任务、户外运动赛事计划期内竞赛的种类与规模、具体的执行步骤与措施等。

第二，计划项目与日常安排。这项内容主要是通过表格的形势直观地将计划期内户外运动赛事的名称、组别、参加对象、日期地点、主办单位、承办单位的信息呈现出来。

2. 影响户外运动赛事计划编制的主要因素

户外运动赛事组织者在进行赛事计划编制时，需要先对影响赛事的各项因素进行分析，具体来说主要包括以下几种，如图 7-4 所示。

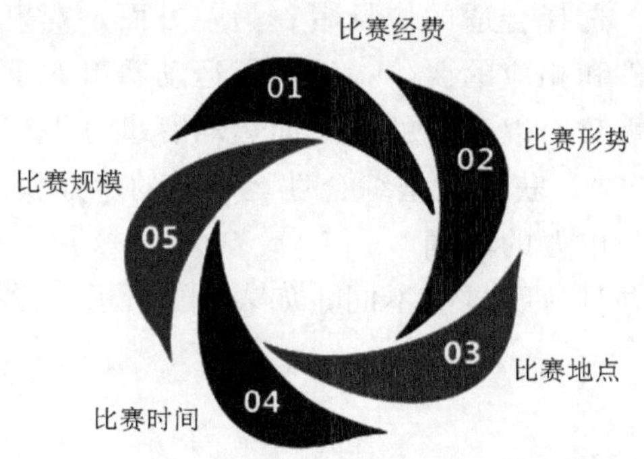

图 7-4　影响户外运动赛事计划编制的主要因素

3. 户外运动赛事计划的编制步骤

编制步骤是户外运动赛事计划从提出到最后形成所需经历的全部过程，其主要包括以下内容。

第一，确定计划目标，明确户外运动赛事活动所要实现的目标、达到的水平。

第二，收集信息，主要包括户外运动战略目标与方针政策、当前国内外户外运动形势、上级竞赛活动安排、参与户外运动的队伍数量；运动设施和设备建设情况；竞赛负责人与裁判员数量等。

第三，进行分析预测，按照国内外比赛情况和各个参赛者的实际情况，进行系统的单项预测和综合预测。

第四，进行统筹安排，对各类资源进行全面衡量，制定备选方案。

第五，在综合调查与分析的基础上，开展论证、评估，敲定最终方案，在获得有关部门的批准后，进行后续执行。

（二）户外运动赛事活动计划的实施

户外运动赛事活动计划的实施主要包括赛事招标与申办；制定户外运动竞赛规程，具体分析如下。

1. 赛事招标与申办

（1）赛事招标与申办的内涵

赛事招标是一种商业性的运作形式，具有两个方面的内涵：一方面，赛事招标指的是运动赛事计划的组织方根据相应的条件，向社会发布赛事计划项目招标公告，选择合适的应标者；另一方面，赛事招标指的是应标者先报出自己的条件和相应的要价，以获得运动赛事的承办权。

申办指的是一级政府以政府的名义向运动赛事方提交举办报告，并按照有关的条件和程序[⑨]，获得大型综合性运动会的承办权。

（2）赛事招标与申办的不同

赛事招标与申办具有明显的不同，如表 7-1 所示。

⑨ 董范，刘华荣，国伟. 户外运动组织与管理［M］. 武汉：中国地址大学出版社，2009：81.

表 7-1　赛事招标与申办的不同

项目＼内容	赛事招标	申办
标的	不是国家直接掌控的重大综合性竞赛活动	国家直接掌控的重大综合性竞赛活动
参加主体	个人、企业等非一级政府组织	省、直辖市、自治区等
行为性质	商业行为，无须政府批准	政府行为，需由上级政府批准
程序	招标—投标—开标—评标—签订合同	申请—考察—民主协商—确定公布

2. 户外运动赛事的主办、承办及协办

任何一个单位在承办一项户外运动赛事时，都要经过以下三个步骤：①主办单位提出基础方案；②承办方提出可行性意见；③在获得同层次主管部门的同意后，即可正式承接比赛。

主办单位拥有对整个户外运动比赛的负责权、竞赛经费的下拨权、竞赛规程的制定和解释权、赛事组织管理的指导监督权。承办单位需要按照赛事的计划与规程进行执行。协办是指有关单位或者个人通过协办者的身份，协助主办单位和承办单位开展户外运动赛事。

三、户外运动赛事的过程管理

户外运动赛事的过程管理指的是户外运动赛事组织者按照赛事计划和赛事活动组织方案，对赛事活动进行有目的的组织、指挥、控制。一般情况下，户外运动赛事的过程管理包括三个阶段，分别是赛前工作管理、赛中工作管理、赛后工作管理，具体分析如下。

（一）赛前工作管理

在赛事组委会没有成立之前，赛前工作管理主要由筹备委员会负责；在赛事组委会建立后，工作交由组委会负责。下面将对赛前工作管理进行简要分析。

1. 成立组织机构

（1）组织委员会

组织委员会是负责整个户外运动赛事工作的最高机构，其人员设置及规模需要根据户外运动赛事的规模而定。以大型运动会为例，其组织委员会的构成包括政府一级的行政领导、主办单位的有关领导、体育部门的各个职能机构领导、协作单位职能的机构领导、各个单项竞赛委员会主任、与本次赛事有关的新闻和公安方面的负责人等。

（2）各赛事职能部门

赛事组织委员会的下属职能部门包括办公室、竞赛部、新闻宣传部、行政部等基础部门。此外根据赛事规格和规模情况，赛事组委会还可增设大型活动部、外事接待部、集资部、科研部等部门，图 7-5 列举了这几个职能部门的主要职责。

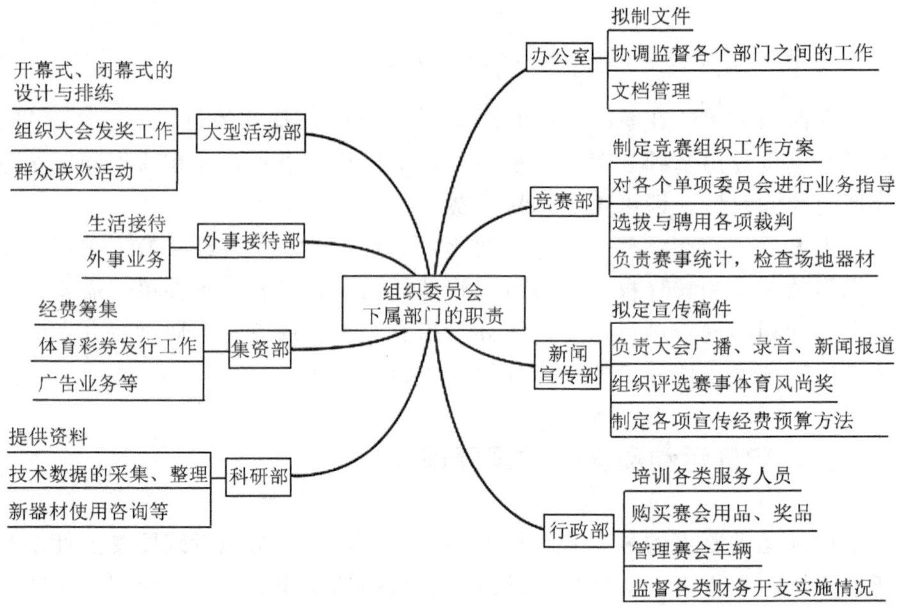

图 7-5　组织委员会下属部门的职责

2. 编制秩序册

秩序册是户外运动赛事组织与比赛的文字依据，其由赛事部门编制，在上报组委会审核后投入使用。一般来说，秩序册的内容包括封面、赞助广告和赞助单位、目录、竞赛规程与补充规定、组织委员会名单、各职能部门名单、各项目竞赛委员会名单、裁判员名单、各参赛代表团名单、竞赛总日程表、竞赛场地示意图等。在秩序册的编制中，竞赛日程的安排是最考验赛事组织者能力的工作。竞赛日程表的制定需要遵循以下几点要求。

第一，要严格遵守赛事规程和规则。

第二，各个项目的比赛时间要紧凑，间隔时间不能过长。

第三，注意天气的变化，选择合适的比赛时间。

第四，对场地和器材进行最佳安排。

（二）赛中工作管理

赛中工作管理指的是对从户外运动赛事开幕式开始到闭幕式举行之前的各项事务进行管理，具体包括开幕式的组织、赛事活动的管理、人员的管理、后勤的管理等，具体分析如下。

1. 开幕式的组织

不同户外运动赛事的开幕式根据赛事活动的规模、等级等具有不同的特点。一般来说，开幕式需要设置临时指挥小组，负责各项工作。根据实际情况，临时指挥小组下还可设置具体负责某项工作的分指挥部。

2. 赛事活动的管理

赛事活动是整个户外运动赛事的重头戏，需要管理者深入赛场，对赛事活动进行全面的领导，把握比赛进程，协调好各个部门之间的工作。当遇到困难时，赛事活动管理者要及时召开会议，对赛事中出现的争议、弃权、打架等问题能够进行解决，保证赛事活动的顺利开展。

3. 人员的管理

户外运动赛事的人员的管理主要指的是对裁判员、运动队、观众进行的管理，具体分析如下。

（1）裁判员的管理

裁判员的思想和业务水平能力直接影响户外运动赛事的开展。对裁判员进行管理主要从以下几点进行：第一，做好裁判员的职业道德、职业纪律教育；第二，组织裁判员进行赛前业务培训学习；第三，在赛前召开裁判员准备大会，对其进行合理分工；第四，加强对裁判员现场执法的监督检查，保证赛事的公平性。

（2）运动队的管理

对运动队的管理应采取分级管理，首先是赛事组委会对各个参赛队制定统一的要求和规定，并协调好各个参赛队之间的工作，定时召开会议，处理问题并改进工作；其次是各个参赛队对本队队员进行管理，对运动员进行思想教育、业务管理和生活纪律管理。

（3）观众的管理

对观众进行良好的管理，是维护比赛秩序，保证比赛正常开展的前提。赛事组织者对观众进行的管理可从以下几个方面入手。

第一，制订观众管理教育计划，在观众席入口处张贴赛场管理规定。

第二，在赛场内引导正确的舆论。

第三，赛场观众席的布置要合理，以安全为主要标准。

第四，明确观众进场、退场时间，并在这两个时间段设置引导员对观众进退场进行引导。

4. 后勤的管理

户外运动竞赛期间的后勤管理工作包括以下几个方面。

第一，对比赛场地器械和各类设备的使用情况进行仔细检查。

第二，对运动员、裁判员的食宿情况进行系统管理。

第三，监督比赛中对各项预算的执行情况。

第四，做好医务工作和临场应急准备。

（三）赛后工作的管理

赛后工作的管理指的是对从闭幕式开始到对户外运动赛事进行总结、表彰、财务决算等一系列活动的管理，具体管理工作包括以下几点。

1. 闭幕式的组织

在竞赛活动结束后，户外运动赛事组委会要按照事先确定好的闭幕式组织方案，进行各项组织工作。闭幕式的形式没有明确的限制，不同规模、等级的户外运动赛事，在闭幕式方面也有较大的区别，但是各个闭幕式的组织程序基本是一样的，具体步骤视实际情况进行适当的调整。

2. 各项收尾工作

各项收尾工作是赛后工作管理的重点，具体来说，收尾工作包括以下几点。

第一，组委会为各个参赛队伍办理离开赛区的各类手续。

第二，按照规定，做好赛事裁判员的调动工作。

第三，对比赛场地进行打扫，将赛事中用到的各类器材、服装等物资设备归还至原单位，或是进行转让、出售等。

第四，进行整个赛事的财务决算。

第五，制定比赛成绩单，寄发比赛成绩单和技术资料。

第六，上报此次赛事破纪录的成绩。

第七，向上级移交、整理有关此次比赛的资料。

第八，开展赛事奖项的评比，对在赛事中表现出色的组织者、指挥者进行表彰。

第二节　户外运动的俱乐部管理

本节以户外运动的俱乐部管理为重点讲述内容，首先对户外运动俱乐部的性质、产生与发展、营销模式以及我国户外运动俱乐部的发展状况和存在的问题进行具体阐述，其次又介绍了户外运动俱乐部管理的具体内容。

一、户外运动俱乐部概述

（一）户外运动俱乐部的性质

当前，我国户外运动俱乐部主要有两种，一种为面向社会的商业性户外运动俱乐部，另一种为学校户外运动爱好者成立的户外运动俱乐部。本节我们主要对面向社会的商业性户外运动俱乐部进行介绍。

面向社会的商业性户外运动俱乐部通常是以营利为目的的，其需要面对市场，经历市场的考验，需要为顾客提供各种不同的服务，以满足他们的不同需求。户外运动俱乐部提供的服务是一种无形的商品，看不见摸不着，但这却能够帮助大众实现户外运动的愿望。户外运动的组织形式是企业，这也是其与校园体育协会、校园体育社团以及公益性俱乐部的主要区别。

（二）户外运动俱乐部的产生与发展

户外运动俱乐部诞生于德国，1857年，德国成立了一个以登山、徒步为主要运动项目的民间组织，这就是现代户外运动俱乐部的早期形式。

现在，户外运动在我国得到了迅猛的发展，登山、潜水、滑雪、攀岩等运动以其惊险刺激的运动形式和时尚的运动方式，吸引着户外运动爱好者的目光。基于此，户外运动俱乐部也逐渐兴起并发展壮大。目前，我国户外运动俱乐部的数量是以万计的，会员数量是以百万计的。

（三）户外运动俱乐部的营销模式

我国户外运动俱乐部的营销模式主要有以下两种：一种为“户外运动用品店＋户外运动俱乐部”的模式；另一种为以户外运动俱乐部的名称来经营售卖户外运动相关产品的卖场，只经营户外运动实物产品，不提供户外运动指导服务。除此之外，我国的户外运动俱乐部采用的是会员制的经营方式，即顾客想要与户外运动俱乐部建立买卖关系，必须先成为该俱乐部的会员。

（四）我国户外运动俱乐部发展现状

1. 户外店和俱乐部分离操作，三位一体模式逐渐衰退

长期以来，中国户外运动俱乐部都是以“网站、户外运动用品店和俱乐部”这样三位一体的模式来经营的，其中网站和俱乐部通过举办活动来吸引消费者，扩充会员，最终达到销售户外运动装备的目标。但如今，户外运动受到自助游的市场侵占，户外运动活动对零售店的直接促进作用越来越弱，一些顾客往往是在这家俱乐部参加活动，而去另一家户外用品店购买物品。

随着市场的发展，户外运动俱乐部三位一体的经营模式开始变得不再适应如今的市场。除此之外，随着市场分工的越加细化，售卖户外运动产品和举办户外运动到了该分离的时候，户外运动俱乐部急需找到一个更为优秀的发展和盈利模式。

2. 户外运动俱乐部跨区域合作加强

在户外运动俱乐部发展初期，我国许多户外运动俱乐部都是由几个爱好者自发组织的，以满足自我爱好和娱乐需求为主，一些俱乐部甚至都没有进行工商注册。随着时代的发展，自由行逐渐兴起，人们更倾向于选择免费的 AA 自助游，而不是选择加入户外运动俱乐部，这就使得户外运动俱乐部的发展受阻，更不要提能够通过组织出游活动而盈利了。

基于上述所说的情况，户外运动俱乐部开始探索新的与众不同的户外

线路，但这种探险活动的成本是较高的，仅靠一个俱乐部难以承受，一些俱乐部就开始与线路所在地的俱乐部合作，共同组织户外运动活动。这些活动加强了户外运动俱乐部的跨区域合作能力，为户外活动的开展增添动力，以吸引更多的户外运动爱好者参与活动。

3. 拓展业务成为俱乐部过渡的盈利项目

由于受到自由行的冲击，以及中国经济发展的阶段性特征，户外运动俱乐部想要实现盈利还有很长的路要走。为了更好地生存和发展，一些俱乐部不得不在这一过渡时期去拓展业务，例如进行拓展运动培训等。进行拓展运动培训能够为户外运动俱乐部带来可观的收益，因为一般进行拓展培训的都是企业客户，其对价格不甚敏感，看重的是培训的效果。户外运动俱乐部可抓住这一商机，为自身发展积累财力。

4. 户外运动俱乐部开始打造品牌效应

随着网络技术的发展，互联网成为人们生活的重要组成部分，就出游而言，人们开始习惯于通过网络结伴的方式到户外游玩。一些户外运动俱乐部就由此发现了商机，开始提供网络结伴服务，受到消费者的青睐。但网络结伴还有一定的危险性，比如你并不知道对方的真实信息，并且这种方式的结伴通常较为随意，领队的随机性也较强，发生意外没有保护机制，一些对活动品质和安全保障有要求的参与者对这种活动方式提出了质疑。

以《中国国家地理》的会员部和“远飞鸟”为代表的品牌俱乐部开始开展户外出游活动，并且打出了“多点钱、多点保障、多点品质”的口号，随着人们对出游质量等要求的提高，一些品牌俱乐部举办的户外活动开始逐渐拥有市场。

（五）我国户外运动俱乐部发展存在的问题

我国户外运动俱乐部的发展已有20多年的历史，发展至今，一些问题仍然未能解决，具体如下。

1. 对户外运动的定义过于狭窄

一些户外运动俱乐部对户外运动的定义过于狭窄，过分强调户外运动“挑战自然，探索险境”的功能，忽视了户外运动“放松身心、陶冶情操”的效用，最终导致其自身发展受到限制。

2. 俱乐部发展没有后劲

户外运动具有一定的文化内涵，其体现了人与自然和谐相处，人与人之间的理解和关爱、人对生命的探索和敬畏等。这就要求户外运动俱乐部的从业者要具有一定的文化素养，以知识和文化的力量来引导参与者更加喜爱户外运动，享受户外运动。但就目前而言，我国大部分户外运动从业者缺乏相应的文化素养，从而导致户外运动俱乐部发展缺乏后劲。

3. 缺乏监督机制

我国大部分户外运动俱乐部没有在体育系统内注册，只在市场监督管理部门进行工商注册，并且名称均不带有“俱乐部”字样。这种单一的注册模式使得户外运动俱乐部缺乏统一的管理体系，体育系统对其的引导和协调作用没有得到发挥。

4. 俱乐部之间恶意竞争，市场混乱

目前，我国大部分俱乐部缺乏机体品牌意识，俱乐部之间存在自立门派，缺乏沟通，甚至进行恶意竞争，最终导致市场环境混乱，整个行业的发展都受到了阻碍。

二、户外运动俱乐部管理内容

户外运动俱乐部作为对社会公众提供户外运动休闲服务的体育企业，其管理应属于企业管理的范畴。下面将重点介绍户外运动俱乐部管理的相关内容。

（一）组织结构与组织设计

1. 户外运动俱乐部的组织结构

户外运动俱乐部的组织结构应参照企业的组织结构，企业常用的组织结构有职能型结构、简单型结构、分部型结构、矩阵型结构和网络型结构。户外运动俱乐部可根据自身的实际情况进行合理选择。

2. 户外运动俱乐部的组织设计

组织设计是指管理者在设立或变革一个组织机构时，要对该组织机构进行科学的规划和设计。就户外运动俱乐部而言，其可以参照企业组织结构，根据自身俱乐部的特色选择适合自身俱乐部发展的组织结构，图 7-6 列举了户外运动俱乐部中常用的组织结构。

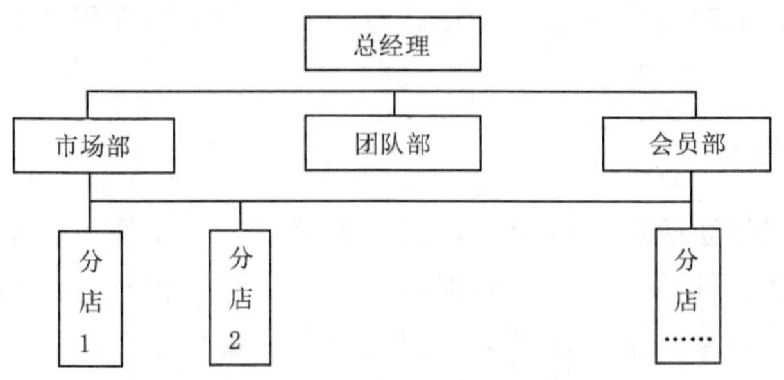

图 7-6　户外运动俱乐部组织结构

（二）人力资源管理

户外运动俱乐部属于企业的范畴，因此其也要进行人力资源管理。优秀的人才是企业的发展之本，对人才进行有效管理能够促进企业的长久发展。具体来讲，户外运动俱乐部要从以下几个方面入手进行人力资源管理。

1. 人员甄选

人员甄选是指企业根据自身的发展需要、用人条件以及标准来筛选合适的工作人员的过程。就营利性户外运动俱乐部而言，其对领队、教练员的要求如下。

第一，全面掌握户外运动基本知识和技能。

第二，有较丰富的户外运动经验。

第三，具有一定的教学能力。

第四，具有较强的责任心和事业心，热爱户外运动行业。

2. 绩效评估

绩效评估是指根据员工的表现、工作完成度等标准来对员工进行考核。绩效评估是人力资源管理中非常重要的环节，其能够规范员工的工作，帮助企业经营活动平稳有序地进行。就户外运动而言，户外运动企业对员工进行绩效评估的内容应包括业绩考评、能力考评和态度考评。

3. 员工培训

员工培训能够有效提高员工的工作能力、技术水平，从而使其与工作岗位更加匹配，并且使其工作效率得到提高。户外运动的发展是非常迅速的，以前户外运动俱乐部的经营主要以素质拓展为主，但现在已经转变为以野外生存、定向越野等为主，这就意味着，员工的知识和技能也要随之进行转变。

4. 薪酬福利

薪酬福利是激励员工努力工作的手段之一，其主要包括基本工资、绩效工资、奖金、补贴、各类福利保障等。一个薪酬福利良好的企业能够吸引优秀的人才前来寻求工作机会，但就户外运动俱乐部而言，其目前的薪酬福利体系建设仍较为混乱，这会对其发展造成负面影响。

（三）装备、场地设施管理

装备和场地设施是户外运动顺利开展的基本物质保障，换句话说，若没有一定的装备和场地设施，户外运动就无法开展，户外运动俱乐部也就无法存在。因此，作为以开展户外运动活动来盈利的户外运动俱乐部，其需要对户外运动装备和场地设施进行管理。

具体来讲，户外运动俱乐部对装备、场地设施管理应做到以下几点。

第一，要经常性地对俱乐部的户外运动装备，尤其是安全防护装备进行检查，保证其状况良好。

第二，要建立完善的检查流程，例如器材使用后和使用前都必须先进行检查，发现问题要及时处理等。

第三，要建立严格的装备管理制度，并严格按照制度执行，最终养成良好的装备使用习惯。

第四，就户外运动场地而言，其通常为大自然和人工非运动目的的建筑物，对其进行管理主要是以保护为主，即在这些场地中开展户外运动项目时，要对其进行保护，不能破坏其原本的面貌。

第三节　户外运动的教学组织管理

对户外运动教学进行的组织管理，是保证户外运动教学取得良好效果的重要方式。本节将首先对户外运动教学进行概述，然后对户外运动教学的组织与管理进行简要分析。

一、户外运动教学概述

（一）户外运动教学的基本内涵

户外运动教学指的是学生在教师有计划、有目标的组织下，系统地学习户外运动基础理论知识与时间技能，从而实现身体素质和心理品质发展的一种教育活动。在某种意义上，户外运动教学可以看作学校完成体育教学任务的一种方式，主要的组织形式是户外运动体育课。

（二）户外运动教学的课程结构

户外运动教学的课程结构包括户外运动理论、户外运动实践、户外运动综合训练三部分，这三部分又可延伸出不同的课程教学内容，具体如图 7-7 所示。

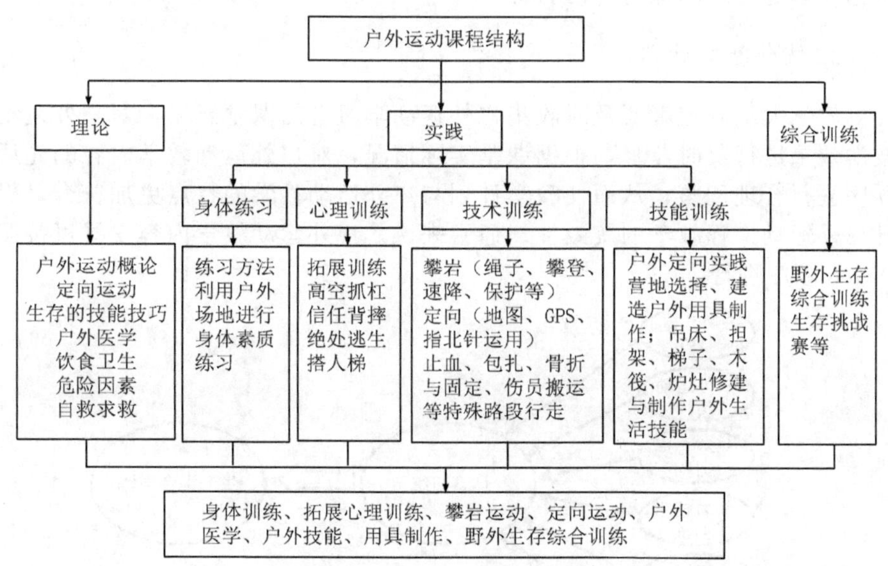

图 7-7　户外运动教学的课程结构

（三）户外运动教学的目标

根据户外运动教学的课程结构，可将户外运动教学的目标总结为以下几点。

第一，学生通过学习户外运动基础理论知识，了解户外运动的起源与发展、特点与意义，对户外运动学习产生浓厚的兴趣。

第二，学生通过学习和掌握身体素质练习方法，认识到具有良好身体素质的重要性，并能够制订个人锻炼计划。

第三，学生通过学习户外医学知识，掌握常见运动损伤的处理方式，增强自我保护的意识，提升自我保护的能力。

第四，学生通过开展拓展心理训练，掌握有效沟通的技巧，发掘自身潜能，拥有自我超越的意识。

（四）户外运动的教学大纲制定

户外运动的教学大纲制定，主要按照以下两个方面展开。

1. 优化理论课与实践课的学时搭配结构

户外运动教学既需要理论课进行理论知识讲解，也需要实践课进行理论知识实践。为了更好地提升户外运动教学效果，教学大纲制定者要不断优化理论课与实践课的学时搭配结构，以培养学生的实际操作能力为主要目标，制定合理的课时学习目标[⑩]。

2. 优化教学计划

教学大纲制定者要及时收集户外运动学习者的课堂意见，对户外运动教学效果进行实时监督，根据课堂实际情况，对户外运动教学内容的先后顺序进行合理调整，从而使教学计划与户外运动教学的特点更加符合，提升户外运动课程教学的实效性。通常来说，户外运动教学内容安排可按照图 7-8 顺序进行。

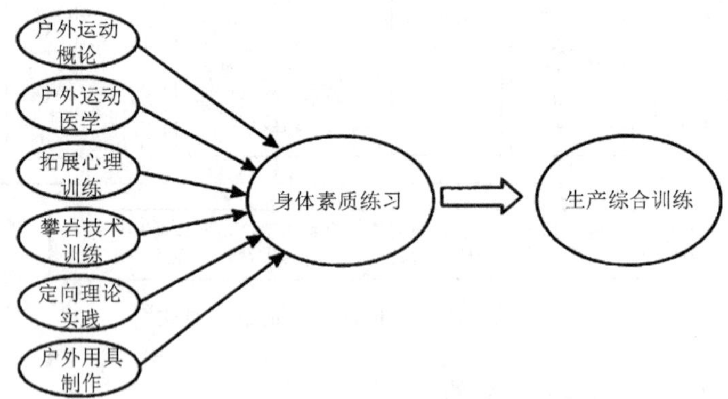

图 7-8　户外运动教学内容的安排顺序

⑩　蔡建．浅析高校户外运动课程的开展［J］．中小企业管理与科技（上旬刊），2009（3）：176．

二、户外运动教学的组织与管理

户外运动教学的组织与管理能够为户外运动教学的顺利进行奠定基础，下面将对户外运动教学的组织实施和科学管理进行分析。

（一）户外运动教学的组织实施

1. 教学准备

一般来说，户外运动教学的时间安排为1个学期。在进行户外运动教学之前，学校要通过教务部门和体育教学部门在学校的网站主页和通知公告栏处，对户外运动课程进行提前介绍，并列出管理办法，主要内容包括户外运动教学的主要内容、师资力量、教学方式、课时情况、考核办法等。

常见的户外运动教学类型包括必修课和选修课两种，不同学校对户外运动教学计划的安排也不同。户外运动教学较为重视实践，在进行户外生存综合训练时产生的费用，根据学校的有关规定，需要向学生收取一定的费用。

众所周知，户外运动课程涵盖的内容十分广泛，因此师资队伍的安排也要做到科学合理、高效精准。较为理想的师资配备状态是，理论课教学配备5～6名理论知识扎实的教师，野外实践课配备7～8名有经验的指导教练。

2. 教学方式

户外运动教学采取的是理论与实践相结合的方式，综合训练作为户外运动教学的课外延伸，一般会安排在接近学期末的周末时间。在理论课教学中，教师多选用多媒体进行课堂教学，而在实践课中，教师多采用学生自主探究的教学方式，目的在于培养学生的创新、动手能力。

此外，在实践课和综合训练中，教师需要按照有关的教学要求，对学生进行分组，每组人数为6～8人，男女数量基本一致，设置一名组长，在进行活动时以组为单位开始。在进行综合训练时，教师要选择经过多次勘查、复杂多变的山区进行训练，可采取基地式、穿越式、混合式等训练方式。

（二）户外运动教学的科学管理

1. 户外运动教学的管理要点

户外运动教师在进行户外运动教学时，要注意以下管理要点。

第一，在进行野外实践课教学之前，要向学生强调各种安全事项，保证每位学生都了解野外安全实践准则。

第二，一般情况下，为了提升学生的野外实践能力，野外生存训练应风雨无阻，但是在天气极端特殊的情况下，要及时调整教学训练计划。

第三，户外运动教师要具备相应的户外医学知识，能够为学生提供及时的简单户外治疗。

第四，任何户外实践活动的开展都要以安全性为第一准则，在学生的确难以完成训练项目的情况下，教师可以允许该学生放弃训练。

2. 户外运动教学的评价考核

户外运动教学的评价考核内容包括三个部分，分别是理论考核、实践操作考核、野外生存综合评定，三者占总成绩的比例如图 7-9 所示。其中，理论考核内容是教师在实践课堂中教授的户外运动知识；实践操作考核内容是各项技能技巧；野外生存综合评定考核内容是学生在户外的综合表现。

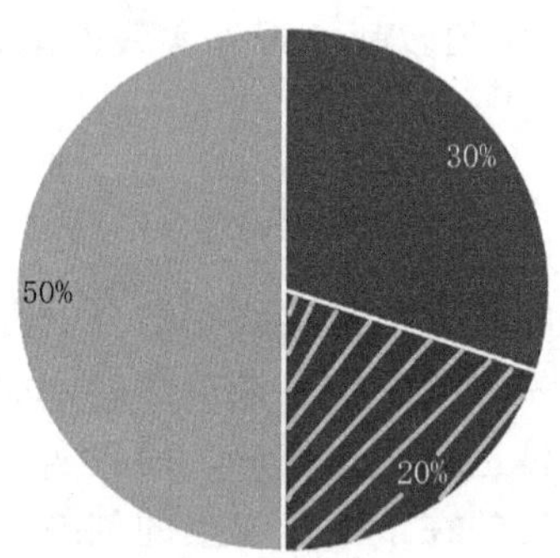

图 7-9 户外运动教学的评价考核成绩占比

参考文献

[1] 亓冉冉. 我国户外运动发展现状与对策研究 [D]. 北京：中国地质大学，2013.

[2] 李中华. 我国户外运动安全现状及其保障体系构建研究 [D]. 成都：成都体育学院，2014.

[3] 舒钧. 户外运动的社会价值 [J]. 内江科技，2008 (08)：170+129.

[4] 李红艳. 户外运动的理论与实践研究 [D]. 北京：北京体育大学，2006.

[5] 胡炬波. 户外运动与拓展训练 [M]. 浙江：浙江大学出版社，2017：139.

[6] 董范. 户外运动学 [M]. 北京：中国地质大学出版社，2014：115.

[7] 刘华荣. 我国高校户外运动风险管理研究 [D]. 北京：北京体育大学，2017.

[8] 刘华荣. 户外运动营销理论、案例与实务 [M]. 北京：中国地质大学出版社，2013：247.

[9] 吴东. 我国户外运动赛事市场化运作的问题与对策研究 [J]. 中国学校体育（高等教育），2016，3 (11)：34−37.

[10] 董范，刘华荣，国伟. 户外运动组织与管理 [M]. 武汉：中国地址大学出版社，2009：81.

[11] 蔡建. 浅析高校户外运动课程的开展 [J]. 中小企业管理与科技（上旬刊），2009 (3)：176.

[12] 王小源. 户外运动用品与装备手册 [M]. 北京：中国水利水电出版社，2005.

[13] 王桂忠，邱世亮，范锦勤. 野外生存教育教程 [M]. 广州：暨南大学出版社，2009.

[14] 钱永健. 拓展训练 [M]. 北京：企业管理出版社，2008.

[15] 陈林祥. 体育市场营销 [M]. 北京：人民体育出版社，2010.

［16］张建新，牛小洪．户外运动宝典［M］．武汉：湖北科学技术出版社，2009.

［17］刘勇．体育市场营销（第2版）［M］．北京：高等教育出版社，2001.

［18］唐海平，许云前．论体育市场营销的市场细分与目标市场的定位［J］．网络财富，2009（14）：31－32.

［19］张斌．体育市场营销综述［J］．科技资讯，2011（9）：220.

［20］刘华荣，刘良辉．全民健身时代户外运动俱乐部的发展思考［J］．体育与科学，2013，34（1）：99－103.